LÉGISLATION OTTOMANE

SIXIÈME PARTIE,

CONTENANT LE

CODE CIVIL OTTOMAN.

LIVRE I--VIII.

Publié avec l'autorisation du Ministère
de l'Instruction Publique
et l'approbation du Ministère de là Justice

PAR

DÉMÉTRIUS NICOLAIDES

Directeur-éditeur du Journal THRAKI.

CONSTANTINOPLE
IMPRIMERIE DU JOURNAL « THRAKI. »

LE 10 OCTOBRE 1881.

Librairie C. A. Weiss
E. HEYDRICH successeur
vis-à-vis le Consulat de Russie
Constantinople.

A

SA MAJESTÉ IMPÉRIALE

LE SULTAN

ABD-UL-HAMID-HAN

EMPEREUR DES OTTOMANS

ET

NOTRE AUGUSTE SOUVERAIN

TEMOIGNAGE

D'HOMMAGE LE PLUS PROFOND

Son fidèle sujet et très obéissant Serviteur

DEM. NICOLAIDÈS.

دولت عليه‌نك قوانين ونظاماتنى فرانسزجه‌يه ترجمه اولنماقده
اولديغى حالده احكام شرعيه‌نك اساسى وقوانين موضوعهٔ
موجوده‌نك الك مكملى اولان مجلهٔ احكام عدليه‌نك شمدى‌يه
قدر صورت مكمله‌ده فرانسزجه‌يه ترجمه‌سنه كيمسه طرفندن
اقدام وشروع اولنمامشيدى بوكبى آثار جليله‌نك ترجمه‌سيله
انظار اجنبيه‌يه وضعى احكام شرعيه‌نك نه مرتبه مكمل ومنتظم
اولديغنى ميدانه قويه‌جغى مثللو مقتضاى عصر معارف‌فصر
حضرت شهرياريدن اولان انتشار معارف قضيه‌سنه دخى
خدمت ايتمش اوله‌جغى دركار وبويله برامر اهمك اشبو عصر
جليلده حصولنه موفق اولمقلغمدن طولاى كندومى بختيار
عد ايدرك عاجزانه ميدان انتشاره وضع ايلديكم اشبو اثر كمترانه‌مى
دولت وملتك سعدت وسلامتنى تأمينه كافل اوله جق وسائط
ووسائله اكساه وعارف اولان نسخهٔ نفيسهٔ علم ومعرفت
ومجموعهٔ جميلهٔ خلافت وسلطنت سلطان سرير سرورى شايان
القاب اسكندرى پادشاه معرف‌پرور وشهنشاه معالى‌كستر
افندمزك حضورعالىٔ تاجداريلرينه من غيرحد تقديمه اجتسار
ايلدم

تبعهٔ صادقهٔ شاهانه‌لرندن
ديمتراكى نيقولايدى
قوللرى

AVERTISSEMENT DE L'ÉDITEUR.

Venant aujourd'hui remplir un engagement pris envers le public lors de la publication de notre recueil de la LÉGISLATION OTTOMANE, *nous faisons paraître la traduction complète du* CODE CIVIL OTTOMAN.

Il est superflu d'insister sur l'importance de ce monument capital du Droit Privé Ottoman. Comblant une lacune dont la législation de ce pays se ressentait depuis longtemps, le CODE CIVIL *est venu mettre l'ordre et la clarté là où régnaient l'obscurité et l'incertitude. En d'autres termes, dans la matière des transactions civiles, l'une des plus importantes dans toute société civilisée, ce Code est venu répandre la lumière en mettant à la portée de tous les citoyens de l'Empire les principes qui régissent leurs intérêts les plus sacrés ; et tandis qu'avant sa promulgation, ces principes se trouvaient épars au milieu d'un labyrinthe inextricable de recueils et d'ouvrages que le petit nombre de légistes et jurisconsultes musulmans pouvait seul, au prix de longues et pénibles études, consulter et comprendre, aujourd'hui chacun est mis à même de connaître avec certitude la Loi Civile. En un mot, bien que d'après le rapport* même de la Commission de Rédaction, ce Code n'ait pas eu pour but d'apporter quelqu'innovation dans la législation musulmane, il n'en est pas moins vrai que, pour les profanes non initiés aux doctrines de la Loi Sacrée ou CHÉRI, ç'a été une véritable révélation.

Pour les nombreuses populations de l'Empire, surtout pour les non-musulmans, ce Code est donc et restera désormais la seule loi positive, la seule source de Droit Civil. A ce titre, il n'est permis à personne, en Turquie, de l'ignorer, pas plus aux Ottomans qu'aux nombreux étrangers résidant dans l'Empire et généralement à tous ceux qui, pour un motif quelconque, s'intéressent au progrès social et juridique de l'Orient.

Mais, tandis qu'un foule de nationaux n'ont pas une connaissance suffisante de la langue turque pour pouvoir aisément consulter le texte toutes les fois qu'ils en ont besoin, pour la grande majorité des étrangers le Code Civil Ottoman est resté lettre morte. Il en est de même pour tous ceux qui, en Europe, s'occupent de travaux si estimés et si féconds de Législation Comparée.

C'est donc rendre un service signalé à toutes ces catégories du Public et répondre à un besoin réel que de reproduire, dans une langue accessible à tous, un document législatif de cette importance.

C'est là le but que nous nous sommes proposé par la publication de la présente traduction française du

Code Civil Ottoman, et pour l'atteindre nous n'a-
vons épargné ni peines ni sacrifices, encouragé en celà
par la bienveillance avec laquelle le public a cons-
tamment accueilli nos précédentes publications.

On conçoit sans peine les immenses difficultés qui
s'attachaient à une pareille œuvre. Son exécution ne
pouvait être entreprise que, par des personnes possé-
dant des aptitudes et des connaissances spéciales, et
animées d'un zèle assez ardent en faveur d'une entreprise éminemment utile pour consacrer à cette pénible tâche un labeur constant et un temps dérobé
aux occupations professionnelles ou aux devoirs de
quelque fonction publique. Aussi, depuis le temps,
assez long déjà, que le Code Civil Ottoman a été pro-
mulgué, à peine quelques tentatives ont été faites et
se sont arrêtées, pour ainsi dire, dès les premiers pas.

Parmi ces essais, nous n'avons pu profiter que de
l'excellente traduction des Livres IV (du Transport de
Dette) et V (du Gage) dont l'auteur, Takvor effendi
Baghtchebanoglou, actuellement juge au Tribunal
Correctionnel de Péra, a bien voulu autoriser la
réimpression dans notre recueil. Nous tenons à le
remercier ici publiquement de sa bonne grâce.

Quant aux quatorze autres Livres promulgués jusqu'à ce jour, nous avons été assez heureux pour pouvoir en confier la traduction à Mr L. Rota fils, avo-
cat distingué de notre barreau, qui, avec le concours
de MM. Mihran Chirinian (pour les Livres I, II, III et
VI) et Alexandre Adamides (pour les Livres suivants),

d.

n'a pas reculé devant la tâche ardue de la mener à terme malgré tous le obstacles.

Nous aimons à espérer que la faveur avec laquelle le public accueillera le travail de Mr L. Rota viendra amplement récompenser son zèle désintéressé, ainsi que nos efforts.

Il ne nous appartient pas de faire ici l'éloge de l'ouvrage. Qu'il nous suffise de dire que le Gouvernement Impérial, dans sa sollicitude pour toute œuvre pouvant contribuer, à un titre quelconque, au progrès général et à l'instruction du public, a bien voulu en autoriser la publication, après une révision minutieuse de la traduction, qui a été reconnue conforme à l'original et d'une utilité réelle. C'est là sans doute une sûre garantie de fidélité, principal mérite de toute traduction.

En terminant, nous prenons à nouveau l'engagement de compléter notre publication par celle des autres Livres du Code Civil dont la promulgation est annoncée pour un avenir prochain.

Constantinople, le 1er Octobre 1881.

L'ÉDITEUR.

RAPPORT

ADRESSÉ A S. A. LE GRAND-VIZIR

PAR

la Commission de Rédaction du Code Civil.

~~~~~~~

Ainsi qu'il est à la connaissance de Votre Altesse, la partie de la Science Sacrée qui a trait aux choses de ce monde, se divise en trois catégories : celle qui traite du mariage, celle qui règle les transactions en général, enfin celle qui a pour objet les lois pénales. La législation de toutes les nations civilisées se ramène aussi à cette division en trois parties, dont celle qui règle les transactions prend le nom de Code Civil.

En outre, comme dans ces derniers temps les relations commerciales ont pris une grande extension, il a fallu régler d'une façon exceptionnelle beaucoup de matières les concernant, telles que les faillites et les lettres de change, et on en a formé un code à part sous la dénomination de *Code de Commerce*.

Mais lorsque, dans un litige commercial jugé par un Tribunal de Commerce, il surgit accessoirement une question du domaine purement civil, comme lorsqu'il s'agit de gage, de cautionnement, de mandat etc., c'est dans le droit commun qu'on en cherche la solution; il en est de même, d'autre part, pour les questions civiles surgies à l'occasion d'un délit.

Actuellement, ce qui dans l'Empire Ottoman tient lieu de Code Civil, c'est une série de lois et règlements promulgués à différentes époques. Mais ces dispositions législatives n'étant pas suffisantes pour embrasser toutes les matières civiles, c'est la partie du droit sacré qui concerne les transactions en général, amplement suffisante pour répondre à tous les besoins, qui sert à les compléter.

Comme il est parfois difficile de distinguer la compétence des Tribunaux du Chéri (*) d'avec celle des Tribunaux chargés d'appliquer les nouvelles lois, on a remédié à cet inconvenient en plaçant les Tribunaux nouvellement institués sous la présidence des Juges

---

(*) Dans l'Empire Ottoman il y a deux catégories de Tribunaux: 1° ceux du Chéri ou Tribunaux religieux, composés seulement d'un Cadi statuant conformément aux règles tirées de l'interprètation du Koran, et 2° ceux du *Nizamié* ou *Medjalissi-temiz-i-houkouk*, composés de plusieurs membres et jugeant d'après les lois et règlements promulgués par le Gouvernement.

La compétence des Tribunaux du Chéri était autrefois générale; mais par la suite, elle a été successivement restreinte par la promulgation des lois et règlements ayant pour objet des matières spéciales et dont l'application a été confiée aux Tribunaux du Nizamié.

chargés d'interpréter la loi sacrée *(Chéri)*, en sorte que ceux-ci connaissent à la fois des questions ressortissant du *Chéri* et celles qui ressortissent des Tribunaux jugeant d'après les lois spéciales de l'Empire *(Médjlissi-temiz-i-houkouk)*. Mais, comme toute la législation Ottomane s'inspire des préceptes du droit sacré et que, dans les procès civils, il faut recourir à ces préceptes pour résoudre une foule de questions incidentes, comme d'autre part les membres des Tribunaux *Temyiz*, en dehors du président, ne possèdent pas la doctrine du droit sacré, il en résulte que les présidents sont exposés à toutes sortes de suppositions et de propos malveillants, et même accusés de transgresser les lois et règlements en vigueur en donnant aux affaires litigieuses la tournure qu'il leur plait.

Les Tribunaux de Commerce de l'Empire, statuant d'après le Code de Commerce, sont exposés à de grands embarras chaque fois que, dans un litige commercial, il surgit des questions incidentes en dehors des matières réglées par notre Loi commerciale.

En effet, si pour résoudre ces questions ils ont recours aux lois européennes, celles-ci n'étant pas sanctionnées par le Souverain, n'ont pas force et vigueur dans l'Empire et ne peuvent, par conséquent, servir de base à un jugement. S'ils renvoient ces questions devant les Tribunaux du *Chéri*, ces derniers, pour statuer sur une question incidente, sont obligés d'examiner le fond du litige, et comme la procédure suivie par les juges du *Chéri* est toute différente de celle suivie par les Tribunaux de Commerce, ce serait là une source de complications sans nombre qui rendraient cet expédient également impraticable. Enfin, si l'on prétendait que les juges commerciaux dussent, dans ces cas-là, appliquer eux-mêmes la jurisprudence sacrée, il y aurait à répondre que les membres des Tribunaux de Commerce se trouvent dans la même situation que les juges des Tribunaux *Temyiz* par rapport à leurs connaissances en matière de jurisprudence sacrée.

Du reste, la jurisprudence sacrée ressemble à une mer immense, au fond de laquelle il faut aller chercher, au prix des plus grands efforts, les perles qu'elle y recèle. On doit, en effet, posséder une grande expérience, unie à une vaste érudition, pour pouvoir puiser dans le Droit Sacré les solutions convenables à toutes les questions qui se présentent.

Il en est surtout ainsi dans le rite *Hanéfite* (*) qui compte de nombreux commentateurs ayant des opinions notablement divergentes entre elles, et dont les doctrines n'ont pas été fixées et précisées comme celles

---

(*) Ebou-Hanifé, célèbre jurisconsulte Musulman, dont le véritable nom était *Naaman*, naquit en l'an 80 de l'Hégire (692 de l'ère chrétienne) et mourut en l'année 150, à Bagdad, à l'âge de 70 ans. Ses œuvres complètes se composent de 30 à 40 ouvrages. C'est le plus considérable des commentateurs du Koran, aussi l'a-t-on surnommé le Grand Imam *(Imam-Azam)*. Parmi ses disciples qui ont laissé des ouvrages selon sa doctrine, appelée doctrine de

du rite *Chaféite* (*), en sorte que de nombreuses sub-divisions et ramifications en ont rendu la connaissance et l'application difficiles. On peut donc se figurer quelle peine il faut se donner pour distinguer, au milieu de cette diversité d'opinions, la plus vraie d'entre elles, et d'en faire l'application à une circonstance donnée. D'autre part, par le changement des temps, les décisions de la doctrine sacrée, basées sur les usages, se modifient. Ainsi, suivant les anciens jurisconsultes, il suffisait d'examiner une seule pièce de la maison qu'on achetait, tandis que d'après les commentateurs

---

Ebou-Hanifé ou rite *Hanéfite*, on distingue surtout les Imams *Ebou-Youssouf*, *Mohammed* et *Zuffer*. Les Ottomans suivent le rite Hanéfite et lorsqu'ils parlent de droit sacré, ils entendent les ouvrages de jurisprudence composés à différentes époques selon la doctrine d'*Ebou-Hanifé*. Il va sans dire que dans certaines questions, les opinions des disciples diffèrent de celles du maître. En pareil cas, les décisions doctrinales *(fetwas)* s'appuient sur l'opinion la plus favorable aux intérêts sociaux.

(Photiadis et Vithinos— trad. grecq. du liv. I du Medjellé. p. 3 note.)

(*) Il existe quatre rites différents du droit sacré qui prennent les noms de leurs fondateurs respectifs, *Hanéfi*, *Chaféï*, *Maléki* et *Hambéli*. Les adeptes du premier rite sont les Ottomans en général, ceux du second sont la plus grande partie des Arabes d'Egypte, ceux du troisième les habitants de l'Algérie, de la province de Tripoli de Barbarie et de la Tunisie ; le quatrième n'a que fort peu d'adeptes éparpillés çà et là. S. M. le Sultan étant adepte du rite *Hanéfite*, la jurisprudence *Hanéfite* est officiellement en vigueur dans tous les Tribunaux de l'Empire.

(Phot. et Vith. l. c. p. 4 note.)

plus récents, l'acheteur doit les examiner toutes. Or, il ne faudrait pas voir en cela une divergence dans les principes, mais une simple modification provenant des changements que le temps et l'usage ont apportés dans la manière de construire les maisons. En effet, tandis qu'autrefois toutes les pièces d'une maison étaient construites sur le même modèle, en sorte que quand on en voyait une c'était comme si on les voyait toutes, plus tard l'usage s'est établi de construire chaque chambre d'une façon différente et il devint nécessaire de les visiter toutes. En somme, le but principal de la loi étant que l'acheteur prenne une connaissance suffisante de la chose achetée, la divergence qui existe entre les deux systèmes dont il s'agit n'affecte nullement les principes juridiques, mais en concerne simplement l'application aux différents cas, suivant les modifications introduites par le temps. On voit par là qu'il faut une grande attention pour distinguer les divergences consistant seulement dans l'application des principes à différentes époques, de celles qui consistent dans les principes mêmes. Il est donc bien difficile d'embrasser et d'approfondir toutes les questions du Droit Sacré.

A une certaine époque, les savants jurisconsultes du siècle ont été réunis dans le but de codifier toutes les solutions données aux différentes questions par la jurisprudence *hanéfite*. Mais quoique ces personnages aient composé des ouvrages tels que le *Tatar-Hanié* et les *Fétavaï-Djihanghirié*, ils n'ont cependant pas réussi à fixer tous les détails de jurisprudence et tous les points controversés de la doctrine.

D'autre part, il est vrai qu'il existe des recueils contenant les décisions *(fetwas)* rendues par application des règles du droit sacré aux cas particuliers; mais il est à peine nécessaire d'expliquer combien il est difficile de réunir les innombrables *fétwas* rendus depuis tant de siècles par les divers jurisconsultes hanéfites. Et quoique *Ibni Nudjéim* ait ouvert la voie à un nouveau et excellent système consistant à réunir un grand nombre de règles et solutions générales sous lesquelles il résume plusieurs détails de jurisprudence, les siècles qui l'ont suivi n'ont pas produit des savants et des jurisconsultes animés du même zèle. On s'en est donc tenu à son œuvre, sans suivre ni élargir la voie qu'il avait ouverte. Quant à l'époque actuelle, les hommes compétents en matière de droit sacré deviennent de plus en plus rares, au point qu'il est difficile de trouver, non seulement des membres des Tribunaux *Nizamié* en état de recourir, au besoin, aux traités de jurisprudence sacrée pour dissiper leurs doutes, mais encore des *Cadis* en nombre suffisant pour tous les Tribunaux du *Chéri* de l'Empire.

On ressentait donc depuis longtemps la nécessité d'un ouvrage traitant des transactions en général sur la base du droit sacré, ne contenant que les opinions les moins contestées, les moins sujettes à controverse, et rédigé d'une manière suffisamment claire pour que chacun puisse facilement l'étudier et y conformer ses actions. Un ouvrage semblable est évidemment d'une utilité immense, non-seulement pour les *Naïbs* (*) mais encore pour les membres des Tribunaux *Nizamié* et les fonctionnaires de l'administration qui pourraient en les consultant, se mettre au fait des principes du *Chéri*, et en faire, en toute circonstance, la règle de leur conduite. Une pareille œuvre enfin, applicable, d'une part, dans les Tribunaux du *Chéri*, dispenserait d'autre part, de la confection de nouvelles lois pour les affaires civiles traitées dans les Tribunaux *Nizamié*. On avait même institué, il y a quelque temps, dans ce but, au sein du Conseil de Législation *(Tanzimat Daïressi)* une Commission composée d'*ulémas*, qui avait préparé une partie notable du travail mais ne put achever sa tâche. Conformément au dicton « *Chaque chose vient en son temps* » il était réservé au règne de S. M. I. le Sultan, règne si fécond en œuvres remarquables, de voir celle-là aussi s'accomplir.

Désirant donc ajouter cette œuvre à toutes celles qui ont vu le jour sous Son Egide Impériale, notre Auguste Souverain a daigné ordonner la rédaction d'un Code, basé sur le droit sacré, approprié aux besoins de l'époque actuelle et suffisant pour résoudre les questions qui surgissent journellement dans les transactions. C'est en exécution de cette volonté Impériale que, nous étant réunis au Conseil Suprême

---

(*) Juges du *Chéri*.

de Justice, nous avons consulté les œuvres les plus
autorisées des jurisconsultes hanéfites traitant de la
partie du droit relative aux transactions civiles, nous
en avons extrait les règles concernant les transactions
les plus usitées et les plus nécessaires à l'époque
actuelle, et, sous la dénomination de *Code Civil*, nous
les avons réunies en un recueil divisé en plusieurs
livres. Ayant terminé le premier de ces livres que
nous avons fait précéder d'un chapitre contenant une
série des principes fondamentaux, nous l'avons soumis à l'examen de S. A. le Chéikh-ul-Islam et de quelques autres personnages renommés pour leurs connaissances juridiques, et, après l'avoir révisé sur les
observations que ces personnages ont bien voulu
nous communiquer, nous avons l'honneur de le sou-
mettre aujourd'hui à Votre Altesse. En ce moment,
la rédaction des autres livres se poursuit régulière-
ment, tandis que d'autre part l'on s'occupe de traduire en langue Arabe ce premier livre.

En en prenant connaissance, Votre Altesse, voudra
bien remarquer que la section II des dispositions pré-
liminaires se compose de principes généraux de droit
colligés par *Ibni-Nudjéim* et d'autres jurisconsultes
de son école. Bien que ces principes, à eux seuls, ne
puissent suffire au juge pour rendre ses décisions
tant qu'il n'est pas éclairé par des textes de loi plus
explicites, ils sont néanmoins d'une grande utilité pour
l'étude et l'intelligence du droit en permettant de sai-
sir plus facilement la solution de chaque question

particulière. En eux, les fonctionnaires de l'Administration trouveront un güide sûr pour tous les cas qui
se présentent, et chacun pourra, en y ayant recours,
conformer autant que possible ses actions aux préceptes du droit sacré. C'est pourquoi nous n'en avons
pas formé un titre ou un chapitre spécial, mais nous
en avons fait une introduction générale. D'ordinaire,
dans les traités de jurisprudence sacrée, les principes généraux se trouvent mêlés aux questions particulières. Dans le présent code, nous avons, au contraire, préféré placer au commencement de chaque
livre une introduction contenant la définition de tous
les termes juridiques relatifs aux matières qui y sont
traitées, et nous avons ensuite exposé, séparément et
avec ordre, les différentes dispositions de la loi. Enfin,
pour donner plus de clarté aux dispositions fondamentales, nous avons fait suivre chacune d'elles, d'e-
xemples variés puisés dans les recueils de *fetwas*.

De tous temps, les achats et ventes se concluent
le plus fréquemment sous diverses conditions. Mais
dans le rite *Hanéfite*, les différentes clauses dont l'objet est d'établir, dans ces sortes de contrats, des conditions variées, rendent les contrats annulables. Aussi,
le titre traitant de la Vente Conditionnelle, le plus important du livre de la Vente, a-t-il été, au sein de notre
Commission, l'objet de longues discussions que nous
avons l'honneur d'exposer succinctement ci-dessous:

Les différents commentateurs ont exprimé, à l'é-
gard de la vente conditionnelle, des opinions contra-

dictoires. Selon le rite *Malékite*, le vendeur peut stipuler en sa faveur une condition, quant à la chose vendue, mais pour un terme très limité; tandis que, d'a-
près le rite *Hambalite*, le terme est illimité. Cependant, il serait illogique d'accorder cette faculté au vendeur et de la refuser à l'acheteur. *Ibni-Ebou-Léila* et
Ibni-Ebou-Chébirmé, commentateurs contemporains de
Ebou Hanifé qui n'ont pas laissé de disciples, profes-
sent sur ce point des opinions diamétralement oppo-
sées. En effet, d'après *Ibni-Ebou-Léila*, toutes les fois
qu'il y a vente conditionnelle, la vente et la condition
sont également annulables; d'après *Ibni-Chébirmé*,
au contraire, l'une et l'autre sont valables.

L'opinion de *Ibni-Ebou-Léila* paraît contraire au
précepte prophétique (*hadiss*). « *Les Musulmans doivent être fidèles à leurs engagements.* » D'autre part,
quoique l'opinion d'*Ibni Chébirmé* soit tout-à-fait conforme à ce principe, néanmoins, comme le vendeur et
l'acheteur peuvent stipuler des conditions illicites ou
impossibles, les docteurs en science sacrée sont una-
nimes à reconnaître qu'on ne doit respecter la condition convenue par les parties, qu'autant que cela est
possible. Le respect dû à la condition convenue comporte donc des exceptions et des restrictions. En conséquence, dans le rite Hanéfite, on a adopté un système intermédiaire d'après lequel il y a trois espèces
de conditions; celles qui sont valables, celles qui
vicient le contrat, celles qui sont nulles. Ainsi, toute
condition stipulée en faveur de l'une des parties seu-

lement et qui n'est pas de l'essence même du contrat
ou qui ne sert pas à en assurer un des éléments fondamentaux, est vicieuse et rend la vente annulable;
tandis que la condition qui ne profite à aucune des
parties est simplement réputée non-avenue sans affec-
ter en rien la validité du contrat. Car la vente est un
contrat essentiellement commutatif, c'est-à-dire que
son objet principal est de transférer, sans peine ni obstacles, la propriété de la chose vendue à l'acheteur
et celle du prix au vendeur; or, lorsqu'il existe une
condition favorable seulement à l'une des parties contractantes, d'un côté celle-ci en demanderait l'exécution, tandis que de son côté l'autre s'y refuserait; de
là des contestations, et dans des circonstances semblables on ne pourrait pas dire que la vente soit parfaite. Toutefois, la vente sous une condition de cette
nature est permise lorsqu'elle est consacrée par l'usage, parcequ'alors la contestation serait elle-même
réglée par l'usage.

En ce qui concerne les transactions commerciales,
elles sont régies par les dispositions exceptionnelles
dont il a été parlé plus haut. En outre, la plupart des
corporations ont leurs usages particuliers qui sont
consacrés en vertu du principe : « *l'usage a force de
loi* ». Nous n'avions donc à nous occuper que des
conditions faites en dehors des usages par ceux qui
se livrent à des genres d'opérations particuliers. Or,
comme celles-ci ne sont pas d'une grande importance
et ne méritent pas qu'on s'en occupe spécialement,

nous n'avons pas cru devoir dévier en leur faveur
du rite Hanéfite et adopter le système de *Ibni Chébirmé*. Nous nous sommes, par conséquent, bornés à
exposer, dans le chapitre IV du titre I[ier] comme dans
les autres chapitres, les cas où, d'après le rite Hanéfite, la condition ne vicie pas la vente.

En un mot, dans la rédaction du présent code, nous
ne sommes jamais sortis des limites du rite Hanéfite
et les règles que nous y avons inserées sont, pour la
plupart, actuellement en vigueur au *Fetwa-Hané* (*);
aussi toute discussion à ce sujet devient inutile. Toutefois, parmi les opinions des jurisconsultes les plus
autorisés du rite Hanéfite, quelques unes étant moins
rigoureuses et plus appropriées aux exigences de l'é-
poque, c'est celles-là que nous avons adoptées. Nous
les exposons plus bas en indiquant les motifs qui nous
ont déterminés à le faire et les sources auxquelles
nous les avons puisées.

Ainsi, d'après les art. 197 et 205 du présent Code,
la vente d'une chose qui n'existe pas n'est pas valable. Cependant, lorsqu'il s'agit de certaines fleurs,
comme les roses, de certains légumes, comme les
artichauts, et de certains fruits, qui n'apparaissent

(*) *Fetwa-Hané*, bureau spécial du Cheikh-ul-Islamat,
composé de jurisconsultes Musulmans chargés de répondre, par des décisions doctrinales *(Fetwas)*, à tous ceux
qui leur posent des questions de jurisprudence. Les *fetwas*
ont une grande analogie avec ce qu'on appelle en Droit
Romain les *Responsa Prudentium*. (Note du Tr.)

que successivement dans chaque espèce, il est d'usage de vendre toute la récolte en bloc, y compris la partie qui n'est pas encore apparente. L'Imam *Mehmed Ibni-Hassan Esséibani* admet la validité de ces sortes de ventes ; en outre, les Imams *Fazli, Chems-ul-Eymet-ul-Halevani* et *Ebou Bekir-ben-Fazil* ont donné des *fetwas* conformes à cette opinion. Nous l'avons également adoptée et insérée dans l'article 207 du présent Code, pensant qu'il n'est pas possible de faire abandonner un usage établi, et qu'il vaut mieux faciliter les transactions humaines, dans la mesure du possible, plutôt que de les entraver.

Pour la vente en bloc, telle que celle d'un tas de blé à tant la mesure, *Ebou-Hanifé* décide que le contrat n'est valable que pour une mesure seulement ; mais d'après les imams *Ebou-Youssouf* et *Mohammed*, le contrat est parfaitement valable pour le tas entier et le prix en est dû suivant le nombre de mesures qui y sont contenus. Cette dernière opinion, partagée aussi par beaucoup de jurisconsultes parmi lesquels l'auteur du *Hidayé*, est de nature à faciliter les transactions. En conséquence, nous l'avons également adopté dans l'art. 220 du présent Code.

D'après *Ebou-Hanifé*, lorsque dans un contrat on stipule le droit d'option, le délai dans lequel ce droit peut être exercé ne peut dépasser trois jours, tandis que ses deux disciples, *Ebou-Youssouf* et *Mohammed* laissent aux parties toute l'attitude pour la fixation de ce terme. C'est cette opinion que nous avons préférée dans l'art 300 comme étant plus conforme à la nature des choses.

Une controverse semblable existe aussi relativement à l'exercice du droit de résolution pour non paiement du prix. Quoique l'Imam *Mohammed* soit seul à exempter de toute limite de temps l'exercice de ce droit, c'est cette opinion, plus conforme aux intérêts des contractants, que nous avons adoptée, et notre article 313 a été rédigé dans ce sens.

Ebou-Hanifé décide que dans le contrat de Commande, celui qui a fait la commande peut se dédire, mais l'Imam *Ebou-Youssouf* n'accorde pas cette faculté lorsque le travail exécuté est conforme à la commande. De nos jours, où l'industrie manufacturière a pris une si grande extension dans le monde, où les conventions ayant pour objet la fourniture de canons, de fusils, de navires à vapeur, sont si fréquentes, le contrat de commande est devenu un des plus importants ; or, ce serait assurément jeter le plus grand trouble dans une matière si considérable que d'accorder à celui qui donne la commande le droit de la révoquer à volonté. D'ailleurs, cette espèce de contrat, consacré par l'usage, a une grande analogie avec la vente à terme *(Selem)*, laquelle, quoique contraire à la tradition, a été cependant admise comme basée sur l'usage. Il y avait donc lieu de préférer l'opinion d'*Ebou-Youssouf* comme plus conforme aux exigences du temps présent, et c'est ce que nous avons fait dans l'art. 392.

2.

Dans les questions controversées on doit agir conformément à l'opinion consacrée par le Commandeur
des Croyants. En conséquence, si Votre Altesse ap-
prouve le travail que nous Lui soumettons, nous La
prions de vouloir bien faire les diligences nécessaires
pour qu'il soit revêtu de la sanction Impériale.

Le 18 Zilhidjé 1285 — 10 Mars 1285.

Signé :

AHMED DJEVDET, Ministre de la Justice.

SÉID-HALIL.

SÉIF-ED-DIN, Conseiller d'Etat.

SÉID-AHMED-KHOULOUSSI, Conseiller à
la Haute Cour de Justice.

SÉID-AHMED-HILMI.

MEHMED-EMIN, Conseiller d'Etat.

IBNI-ABEDIN-ZADÉ-ALA-ED-DIN, Membre
de la Commission.

CODE CIVIL OTTOMAN

COPIE DU DÉCRET IMPÉRIAL

" Qu'il soit fait en conformité du contenu. "

TITRE PRÉLIMINAIRE.

SECTION I^{IÈRE}

Définition et division de la science du Droit Musulman.

Art. 1.—La science du Droit Musulman (*ilmi fikih*), c'est la connaissance des préceptes de la Loi Sacrée par rapport à leur application aux actions humaines.

Les dispositions de la Loi Sacrée se rapportent à la vie future et comprennent les matières du culte, ou bien concernent la vie temporelle et se divisent en trois catégories, savoir : 1° Le mariage, 2° les obligations en général et les conventions, 3° les peines.

Selon la volonté divine, la Création doit subsister dans l'état où elle se trouve jusqu'à l'époque fixée par les décrets suprêmes ; or, cela ne se peut que par la perpétuation de l'espèce humaine qui a lieu par la procréation résultant de l'union des deux sexes.

En outre, la conservation de l'espèce exige celle des individus qui la composent. Mais l'homme, naturellement faible, doit, pour subsister, se procurer par son industrie la nourriture, les vêtements et l'habitation. Ce résultat est obtenu par l'association et l'aide mutuelle. En d'autres termes, l'homme naturellement sociable, ne peut vivre dans la solitude comme le reste des êtres animés, mais a au contraire besoin de civilisation et de société.

Cependant, comme tout homme désire ce qui lui est facile et agréable et cherche à éviter ce qui lui est pénible, il a été nécessaire d'établir des lois propres à maintenir l'ordre et la justice en ce qui concerne le mariage, l'aide mutuelle et les rélations sociales ces fondements de toute civilisation.

De là, deux divisions dans les lois sacrées : la première contenant les règles relatives au mariage, et la seconde celles qui concernent les transactions sociales. En outre, comme la préservation de l'ordre ainsi établi exige des dispositions spéciales, une troisième partie comprend les règles pénales. Parmi les solutians doctrinales de la partie du Droit Sacré concernant les transactions sociales, celles qui sont le plus fréquemment appliquées ont été extraites des ouvrages des commentateurs les plus estimés de la Loi Sainte et réunies ici, sous le nom du Code Civil, en un recueil composé de plusieurs livres, subdivisés à leur tour en titres et ceux-ci en chapitre.

Les dispositions particulières à chaque matière, contenues dans les titres et les chapitres qui vont suivre, serviront de règles aux tribunaux. Toutefois, les docteurs en droit sacré ont rattaché ces dispositions à certains principes généraux, dont chacun renferme la solution d'un grand nombre de questions particulières et qui, dans les livres de jurisprudence, servent de point d'appui pour élucider les cas spéciaux.

L'étude préliminaire de ces principes fondamentaux contribue à faciliter la compréhension des questions spéciales et à les fixer dans l'esprit.

En conséquence, il a été réuni 99 principes de cette nature qui forment la Section II de ce Titre préliminaire.

Quoique quelques uns d'entre eux, pris isolément, comportent certaines exceptions, comme d'autre part, ils se corroborent et se complètent l'un l'autre, leur généralité n'est pas affectée lorsqu'il sont pris dans leur ensemble.

SECTION II.

Principes fondamentaux du Droit Sacré.

Art. 2.— Pour apprécier une action on doit en rechercher l'intention. C'est-à-dire, l'appréciation qu'on fait d'une action doit s'appuyer sur le but qu'elle avait en vue. (Conf. C. N. 1156.)

Art. 3.— Dans les conventions il faut considérer l'intention des parties, et non pas le sens littéral des mots et des phrases employés. (Conf. C. N. 1156.) Ainsi, c'est en vertu de ce principe que la vente à réméré est régie par les règles du gage.

Art. 4. Un fait avéré ne peut être mis en doute par cela seul que le contraire est possible. (*)

Art. 5.— En principe, chaque chose doit rester en l'état où elle se trouve.

Art. 6.— Ce qui existe de temps immémorial doit être respecté.

Art. 7.— L'ancienneté ne peut consacrer un état nuisible.

Art. 8.— En principe on est réputé libre de toute obligation. (**) (Conf. C. N. 1315.)

Par conséquent, lorsque quelqu'un a fait périr les

(*) *Textuellement* « le soupçon ne peut détruire la certitude. »

(**) *Autrement:* La responsabilité et l'obligation ne se présument pas.

choses d'autrui et qu'il y a divergence sur la quantité, si la réclamation du maître des choses est supérieure à la déclaration de celui qui les a fait périr, c'est au premier à faire la preuve du surplus qu'il réclame.

Art. 9.— En tout ce qui est contingent le principe est la non-existence. (*)

Par exemple, s'agissant d'une société dans laquelle l'un des associés apporte son capital et l'autre son travail seulement, s'il surgit une contestation sur l'existence d'un bénéfice, celle-ci ne se présumant pas, la déclaration de l'associé gérant qui nie le bénéfice est réputée vraie et le bailleur de fonds qui en réclame sa part est tenu de prouver ce qu'il avance.

Art. 10.— Ce qui a été avéré à une certaine époque est tenu pour tel jusqu'à preuve du contraire.

Par conséquent, lorsqu'il est certain qu'une chose a été, à une époque donnée, la propriété de quelqu'un, celui-ci doit être confirmé dans son droit s'il ne se produit aucun fait de nature à le lui faire perdre.

Art. 11.— Tout fait nouveau (*modifiant l'état primitif*) est réputé avoir eu lieu à l'époque la plus rapprochée du temps présent.

En d'autres termes, lorsqu'il y a divergence sur la cause et l'époque d'un évènement nouveau, celui-ci doit être rapporté à l'époque la plus récente tant

(*) Telle est la traduction littérale, substituée par ordre supérieur à la traduction primitive du premier alinéa de l'art. 9. En suivant le sens, on traduirait ainsi : « Ce qui n'est pas de l'essence d'une chose ne se présume pas. »

qu'on n'aura pas prouvé qu'il a eu lieu à une époque plus reculée.

Art. 12.— En principe, on doit donner aux termes leur sens véritable.

Art. 13.— Devant une déclaration précise, on ne doit pas avoir égard à la présomption.

Art. 14.— Une disposition claire et précise ne comporte pas d'interprétation.

Art. 15.— Ce qui existe contrairement à la loi ne peut servir de précédent pour établir une règle applicable à un cas semblable.

Art. 16.— Une interprétation n'est pas annulée par une autre interprétation.

Art. 17.—La difficulté provoque la facilité. En d'autres termes, la nécessité de remédier à une situation embarrassée est un motif légitime pour prendre, dans ce but, des mesures propres à résoudre les difficultés, et pour se montrer tolérant.

Les dispositions de la loi relatives au prêt, à la novation par substitution de débiteur (*Havalé*), à l'interdiction, et beaucoup d'autres, se fondent sur ce principe. La tolérance et les tempéraments apportés par les jurisconsultes à la rigueur de la loi en découlent également.

Art. 18.— Il faut se montrer large dans l'application des règles aux choses dont l'exécution est difficile. Autrement dit, lorsqu'on voit de la difficulté dans l'exécution d'une chose, ont peut avoir recours à des tempéraments.

Art. 19.—Il est tout aussi bien défendu de causer un dommage que d'y répondre par un autre dommage.

Art. 20.— On doit mettre fin à tout ce qui peut causer un dommage.

Art. 21.—Il est permis de faire ce qui est défendu, quand on est sous le coup d'une force majeure. (Conf. Code Pénal Fr. 64 *in fine*.)

Art. 22.— La force majeure s'apprécie selon sa valeur.

Art. 23.— Ce que la loi permet en raison d'un motif déterminé, cesse d'être permis une fois ce motif disparu.

Art. 24.— Lorsque l'obstacle qui s'oppose à l'exercice d'un droit disparaît, celui-ci reprend sa vigueur.

Art. 25.— Il n'est pas permis de réparer un dommage au moyen d'un dommage semblable.

Art. 26.— On doit préférer le dommage privé au dommage public. C'est en vertu de ce principe qu'on empêche un médecin ignorant d'exercer sa profession.

Art. 27.— On peut réparer un dommage considérable par un dommage moins important.

Art. 28. En présence de deux maux, on doit préférer le moindre pour éviter le plus grand.

Art. 29.— De deux maux on choisit le moindre.

Art. 30.— La préservation d'un mal est préférable à la réalisation d'un profit.

Art. 31.— Le dommage doit être écarté autant qu'il est possible.

Art. 32 — Ce qui est exigé pour la satisfaction d'un

besoin public ou privé est admis comme une nécessité légitime. C'est en vertu de ce principe qu'on a permis la vente *à réméré*.

Cette espèce de vente a été admise pour la première fois en Boukharie où le grand accroissement des dettes de la population l'avait rendue nécessaire.

Art. 33.— Le besoin, quelque grand qu'il soit, n'anéantit pas le droit d'autrui. Ainsi, celui qui, poussé par la faim, mange le pain d'autrui, est tenu d'en payer ensuite la valeur.

Art. 34.— Il est défendu d'offrir une chose qu'il est défendu d'accepter.

Art. 35.— Ce qu'il est défendu de faire, il est également défendu de l'exiger d'autrui.

Art. 36.— L'usage a force de loi; c'est-à-dire qu'on peut prendre l'usage et la coutume, soit généraux soit particuliers, comme base d'un jugement. (Conf. Loi du 30 Ventôse an XII, art. 7.)

Art. 37.— Ce que l'usage a consacré devient une règle à laquelle on doit se conformer. (Conf. C. N. 1135 et 1160.)

Art. 38. – Ce qui, d'après l'usage, est considéré comme impossible, est réputé réellement impossible.

Art. 39.— Il est hors de doute que l'application de la loi peut varier avec le temps.

Art. 40.— Le sens littéral des termes peut être modifié par l'usage. (Conf. C. N. 1159.)

Art. 41.— L'usage n'est valable qu'à la condition d'être général ou prédominant.

Art. 42. — On n'accorde la valeur d'un usage prédominant qu'à ce qui est généralement répandu, et non pas aux cas exceptionnels.

Art. 43. — Ce qui est consacré par l'usage tient lieu de convention expresse. (Conf. C. N. 1160.)

Art. 44. — Dans le commerce, les usages ont la même force que les conventions formelles. (Conf. C.N. 1135-1160).

Art. 45. — Ce qui est consacré par l'usage a la même force que ce qui est formellement établi par une loi.

Art. 46. — Lorsque dans un acte nécessaire il y a empêchement, c'est l'empêchement qui l'emporte sur la nécessité.

Ainsi, en vertu de ce principe, le débiteur ne peut vendre l'objet qu'il a constitué en gage entre les mains de son créancier.

Art. 47. — Ce qui dépend naturellement d'une chose en dépend aussi légalement.

En conséquence, lorsqu'on vend la femelle pleine, d'un animal, on est censé en avoir vendu en même temps le petit.

Art. 48. — On ne peut disposer de l'accessoire indépendamment du principal.

Par exemple, on ne peut pas vendre séparément le petit à naître d'une femelle pleine.

Art. 49. — Le propriétaire d'une chose l'est en même temps de celles qui en sont les accessoires nécessaires. (Conf. C. N. 546).

Ainsi, l'acheteur d'une maison acquiert aussi la jouissance du passage qui y mène.

Art. 50. — La perte du principal entraîne celle de l'accessoire.

Art. 51.— Un droit éteint ne peut plus revivre. En d'autres termes, la déchéance d'un droit est irréparable.

Art. 52.— Une chose entachée de nullité rend également nul tout ce qui en fait partie.

Art. 53.— Lorsque la remise d'un objet dû est impossible on doit en payer la contre valeur.

Art. 54 — Ce qui n'est pas permis directement peut l'être indirectement.

Ainsi, il n'est pas permis à l'acheteur de donner au vendeur mandat de prendre livraison de la chose vendue ; mais si celui qui a acheté du grain donne à son vendeur un sac pour y mettre le grain acheté après l'avoir mesuré, et que le vendeur le fasse, on considère la tradition comme indirectement accomplie.

Art. 55.— Une chose nulle dans le principe peut devenir valable, une fois accomplie. Par exemple, la donation d'une part indivise est nulle ; mais une fois l'objet donné, si un tiers se fait reconnaître copropriétaire d'une part indivise du même objet, la donation n'est pas pour cela annulée, mais se trouve seulement réduite à la part restante.

Art. 56.— Il est plus facile de maintenir une chose déjà accomplie que d'en permettre l'accomplissement dès le principe.

Art. 57.— Les actes à titre gratuit ne deviennent parfaits que par la tradition.

Ainsi, une donation n'est pas parfaite tant que le donataire n'est pas entré en possession de la chose donnée. (*Contrà* C. N. art. 938).

Art. 58.— Le pouvoir de toute autorité est fondé sur l'utilité générale.

Art. 59.— Les pouvoirs de la tutelle spéciale sont plus grands que ceux de la tutelle générale.

Par exemple, en ce qui concerne un vakouf, *le Mu-tévéli* (administrateur) a plus de pouvoirs que le *Kadi*.

Art. 60. — Un terme doit plutôt s'interpréter dans un sens qui lui fasse produire un effet que dans le sens où il n'en aurait aucun. (Conf. C. N. 1157).

Autrement dit, tant qu'il est possible de donner un sens quelconque à un terme, on ne doit pas le laisser de côté comme vide de sens.

Art. 61.— Lorsqu'on ne peut interpréter les termes dans leur sens propre, on prend en considération leur sens figuré. (Conf. C. N. 1156).

Art. 62. — On n'a pas égard aux termes auxquels il est impossible de prêter un sens. C'est-à-dire, lorsqu'il n'est possible de donner à un terme ni un sens propre ni un sens figuré, on ne lui attribue aucune valeur.

Art. 63.— S'agissant de choses indivisibles, la mention de la partie équivaut à la mention du tout.

Art. 64.— Ce qui est absolu doit produire des effets

absolus, à moins qu'il n'y ait une restriction expresse
ou tacite.

Art. 65 — On n'a pas égard à la qualification donnée à une chose présente. On y a, au contraire, égard
si la chose est absente.

Par exemple, s'agissant de la vente d'un cheval
gris, présent au marché, si le vendeur dit : « Je vends
ce cheval *brun* pour tant de mille piastres » l'offre
est valable malgré la fausse qualification donnée à la
chose par le vendeur. Mais si celui-ci qualifie de gris
un cheval brun qui n'est pas présent au moment de
la vente, la fausse qualification qu'il donne au cheval a pour effet de rendre la vente nulle.

Art. 66. — Toute réponse est réputée contenir les
termes mêmes de la demande.(*) C'est-à-dire, si, dans
une réponse, on se borne à confirmer purement et
simplement la demande, on est censé en avoir répété
les termes mêmes.

Art. 67. — On ne peut attribuer une signification au
silence. Mais le silence équivaut à déclaration si l'on
se tait alors qu'on est tenu de parler. C'est-à-dire,
lorsque quelqu'un garde le silence, on ne peut le considérer comme ayant fait telle ou telle déclaration;
mais lorsqu'il se tait dans une circonstance où il est
tenu de parler, son silence équivaut à aveu et adhésion.

(*) Autrement; Toute réponse est reputée correspondre
à la demande.

Art. 68.— La notion que l'on acquiert des choses cachées au moyen de leurs manifestations apparentes, tient lieu de la vérité. C'est-à-dire, pour décider sur les choses cachées qu'il est difficile de connaître directement, on se base sur leurs manifestations apparentes.

Art. 69.— On peut contracter aussi bien par correspondance que de vive voix.

Art. 70.— Les signes non équivoques des muets ont la même valeur que les déclarations faites au moyen du langage.

Art. 71— La déclaration faite par l'entremise d'un interprète est admissible en toute matière.

Art. 72.— La supposition dont l'erreur est évidente est de nul effet. (Conf. Code N. 1131-1377).

Art. 73.— La preuve d'une chose reste sans valeur devant une circonstance qui établit une forte présomption du contraire. (Conf. C. N. 1350-1352). Ainsi lorsque quelqu'un, dans le cours de la maladie dont il meurt, se reconnaît débiteur d'une certaine somme envers l'un de ses héritiers, son aveu ne forme preuve de la dette qu'autant que les autres héritiers l'auront ratifié. Car en ce cas, le fait que le déclarant se trouvait sur le point de mourir établit la présomption légale que cet aveu a eu pour but d'avantager l'un de ses héritiers au préjudice des autres. Mais si celui qui avoue est en bonne santé, la possibilité du contraire n'étant qu'un simple doute, ne met pas obstacle à la validité de l'aveu.

Art. 74.— Le simple doute est sans valeur.

Art. 75.— La certitude qu'on acquiert sur une chose au moyen d'indices certains, équivaut à celle qui résulte de la présence de la chose elle-même. (Conf. C. N. 1350 N° 2.)

Art. 76.— La preuve est à la charge du demandeur et le serment à la charge de celui qui nie un fait allégué par son adversaire. (Conf. C. N. 1315 et 1357 et s.)

Art. 77.— La preuve sert à établir un état contraire à ce qui est présumé, et le serment à confirmer la présomption. (*)

Art. 78.— La preuve judiciaire peut avoir des effets à l'égard des tiers, mais l'aveu ne peut en avoir que contre son auteur.

Art. 79.— L'aveu fait pleine foi contre celui qui l'a fait. (Conf. C. N. 1356 l. 2.)

Art. 80.— La contradiction anéantit la preuve ; néanmoins elle ne vicie pas le jugement rendu contre la partie à l'égard de laquelle elle se produit.

Ainsi, lorsque les témoins d'un procès, en contradiction avec eux-mêmes, reviennent sur leur première déclaration, leur témoignage ne conserve plus aucune valeur. Mais si le juge, se basant sur leur premier témoignage, avait déjà rendu son jugement, celui-ci n'est pas annulé par suite de la contradiction sauf recours en dommages et intérêts de la partie condamnée contre les témoins.

_____

(*) Voyez Art. 8. (N. du Tr.)

Art. 81.—Il peut arriver que l'accessoire soit admis sans que le principal le soit. Par exemple, si quelqu'un dit : « Telle personne doit à telle autre telle somme, et j'en ai cautionné le paiement », quoique le débiteur principal nie la dette, la caution qui a fait l'aveu peut, sur la demande du créancier, être condamnée à payer la somme. (Conf. C. N. 2012.)

Art. 82. — L'accomplissement de la condition rend exigible la chose qui en dépend. (Conf. C. N. 1181.)

Art. 83. — On doit observer la condition stipulée dans la mesure du possible. (Conf C. N. 1172,1173.)

Art. 84.— Les promesses n'ont d'effet que si elles sont faites sous une condition.

Par exemple, si l'on dit à quelqu'un: «Vendez cette chose à un tel ; s'il ne vous en paie pas le prix je vous le paierai moi-même» et que, la vente faite, l'acheteur ne paie pas, on est tenu de payer le prix stipulé.

Art. 85. — La jouissance d'une chose est la juste compensation des risques qu'elle entraîne. En d'autres termes, celui qui supporte le dommage en cas de perte d'une chose, doit, par compensation, en retirer le profit.

Ainsi, lorsqu'un animal vendu est restitué à son vendeur pour cause de vice redhibitoire, l'acheteur n'est pas tenu de payer un prix au vendeur pour l'usage qu'il a fait de l'animal, car si celui-ci avait péri avant la restitution, c'est l'acheteur qui en aurait supporté la perte.

Art. 86.— Le prix du louage ne peut se cumuler avec les dommages-intérêts.

3.

Art. 87.— Le dommage correspond au profit. C'est-à-dire, celui qui jouit d'une chose doit aussi en supporter les charges.

Art. 88. — La peine est proportionée au profit qu'on retire, et réciproquement.

Art. 89.— La responsabilité d'un acte incombe à son auteur. Elle n'atteint pas celui qui a ordonné l'acte, à moins qu'il n'ait usé de contrainte envers l'agent.

Art. 90. — Lorsqu'il existe en même temps un agent direct, c'est-à-dire celui qui a commis personnellement un acte, et une personne qui en a été la cause indirecte, le premier seul est responsable.

Par exemple, si quelqu'un fait tomber l'animal d'autrui dans un puits creusé sur la voie publique par un tiers, celui qui a jeté l'animal est seul responsable; il n'y a aucune responsabilité pour celui qui a creusé le puits.

Art. 91.— Nul n'est tenu du préjudice qu'il a causé à autrui dans l'exercice de son droit.

Ainsi, celui qui a fait creuser un puits dans son propre champ, n'est pas tenu de dommages-intérêts si l'animal d'autrui tombe dans le puits et y périt.

Art. 92.— Chacun est responsable du dommage qu'il a directement causé à autrui, même involontairement. (Conf. C. N. 1382, 1383.)

Art. 93.— Celui qui a été la cause indirecte d'un dommage n'est tenu de le réparer que s'il a agi avec intention.

Art. 94. — Lorsque les animaux, agissant de leur propre instinct, causent un dommage ou commettent un de ces actes qui constituent des crimes [lorsqu'ils sont commis par les hommes], il n'y a pas lieu à réparation. (*)

Art. 95. — Il n'est pas permis de faire acte de propriétaire sur la chose d'autrui.

Art. 96. — Nul ne peut jouir de la chose d'autrui sans la permission du propriétaire.

Art. 97. — Il n'est pas permis de s'emparer du bien d'autrui sans motif légal.

Art. 98. — Tout changement dans le titre en vertu duquel on a la propriété d'une chose équivaut au changement de la chose elle-même.

Art. 99. — Celui qui hâte l'accomplissement d'une chose avant son temps, est puni par la privation de la chose. (Conf. C. N. 727 Nº 1.)

Art. 100. — Nul n'est recevable à détruire ce qu'il a lui-même accompli. (Conf. C. N. 1356 in fine.)

(*) La loi des XII Tables, l'Edit des Ediles, en droit Romain, et l'art. 1385 du Code-Nap. édictent le contraire. (N. du Tr.)

LIVRE I.

———•———

DE LA VENTE.

DISPOSITIONS PRÉLIMINAIRES

Des termes juridiques relatifs à la vente.

Art. 101. — L'offre (*idjab*) c'est le premier terme employé pour constituer la propriété ; elle sert de base a la propriété.

Art. 102. — L'acceptation (*kaboul*), c'est le second terme employé pour constituer la propriété ; elle sert à parfaire le contrat.

Art. 103. — Le contrat *(akd)* est l'accord des deux parties par lequel elles s'obligent en vue d'un objet déterminé ; il se forme par le concours de l'offre et de l'acceptation. (C. N. art. 1101.)

Art. 104. — *Inikad* signifie le lien légal qui unit entre elles l'offre et l'acceptation de manière à produire des effets sur l'objet qu'elles concernent.

Art. 105. — La vente *(beï)* est le contrat par lequel on échange une chose contre une autre. (*)

———————————————

(*) Il suit de cette définition que le mot *beï* ne correspond pas exactement au mot *vente*. — On sait que ce dernier ter-

Elle est parfaite ou imparfaite. (Conf. C. N. 1582 et 1702.)

Art. 106.— La vente parfaite *(beï munakid)* est celle qui est conclue. Elle se divise en quatre espèces, savoir : la vente valable *(sahih)*, la vente annulable *(facid)*, celle qui n'est pas subordonnée au consentement d'un tiers *(nafiz)* et celle qui l'est *(mevkouf.)*

Art. 107.— La vente imparfaite *(beï ghaïri munakid)* est la vente radicalement nulle.

Art· 108.— La vente valable ou licite *(beï sahih* ou *beï djaïz)* est celle qui, dans ses principes comme dans ses modalités, est conforme à la loi.

Art. 109.— La vente annulable *(facid)*, est celle qui, valable dans ses principes essentiels, devient nulle à raison de ses modalités ; c'est-à-dire celle qui, tout en réunissant les éléments constitutifs d'une vente légale, est contraire à la loi à raison de certaines circonstances externes. (Voyez Titre VII.)

Art. 110.— La vente nulle *(beï batil)* est celle qui est entachée d'une nullité radicale.

Art. 111.— On appelle *bei mevkouf*, ou vente subordonnée au consentement d'autrui, celle à laquelle

---

me signifie, en droit Français, l'échange d'une chose contre un prix en argent. La loi Ottomane entend, d'une façon générale, par *bei*, l'acte par lequel deux personnes échangent respectivement une chose contre une autre, et cette définition comprend évidemment la vente proprement dite, dans laquelle l'un des deux contractants fournit l'équivalent de l'objet qu'il reçoit en argent. (N. du Tr.)

se rattache le droit d'un tiers. Telle est la vente d'une chose par celui qui la détient sans droit.

Art. 112. — On appelle *fuzouli* celui qui, sans droit, agit en propriétaire sur la chose d'autrui.

Art. 113. — *Beï nafiz* signifie la vente à laquelle ne se rattache pas le droit d'autrui. Elle se divise en vente irrévocable (*lazim*) et vente révocable (*ghaïri lazim*).

Art. 114. — La vente irrévocable est celle à laquelle ne se rapportent pas les droits d'autrui et qui est exempte de tout droit d'option (*hiar*).

Art. 115. — La vente révocable est celle qui n'est pas subordonnée au consentement d'autrui, mais dans laquelle il existe un droit d'option.

Art. 116. — On appelle droit d'option (*hiar*) le droit de choisir entre le maintien ou la résolution du contrat de vente. Il en sera parlé dans un titre spécial. (*)

Art. 117. — *Beï bat*, c'est la vente définitive.

Art. 118. — La vente à réméré (*beï-ul-véfa*), est la vente d'une chose sous la condition que l'acheteur devra la restituer contre restitution du prix. Considéré au point de vue du droit de jouissance que l'acheteur acquiert sur la chose, ce contrat a les caractères de la vente licite. Au point de vue de la faculté accordée à toutes les deux parties de résilier la vente, elle est annulable. Enfin, à cause de l'impossibilité pour l'acheteur de vendre la chose à un tiers, ce con-

---

(*) Voyez Titre VI. (Not. du Tr.)

trat équivaut au gage. (C. C. N. 1659 et suiv. 2073 et suiv. 2085 et suiv.)

Art. 119. — *Beï-bil-Istighlal*, c'est la vente à réméré dans laquelle le vendeur se réserve la jouissance de la chose vendue.

Art. 120. — La vente (*beï*), au point de vue de la chose qui en fait l'objet, se divise en quatre espèces : 1° L'aliénation d'une chose contre un prix ; cette espèce étant la plus commune, s'appelle *vente* proprement dite ; 2° le change des monnaies (*sarf*) ; 3° l'échange (*beï-moukayezé*) ; 4° la vente à terme contre paiement au comptant (*selem.*)

Art. 121. — Le change des monnaies (*sarf*), c'est la vente d'espèces monnayées contre d'autres espèces monnayées.

Art. 122. — L'échange est un contrat par lequel les parties se donnent respectivement une chose pour une autre chose quelconque, à l'exception de l'argent. (Conf. C. N. 1702.)

Art. 123. — *Sélem*, c'est la vente à terme contre paiement au comptant.

Art. 124. — On appelle *istisna* (commande,) la convention faite avec un ouvrier pour la confection d'un objet. L'ouvrier s'appelle *sani*, celui qui fait la commande *mustesni* et la chose à confectionner *masnou*.

Art. 125. — *Mulk* se dit de toute chose dont on peut faire sa propriété, qu'il s'agisse d'un objet ou seulement de ses fruits.

Art. 126.— *Mal* (bien) se dit de toute chose propre à satisfaire les besoins de l'homme et qu'il conserve pour s'en servir en cas de nécessité. Les biens sont meubles ou immeubles.

Art. 127. — *Mali mutékavim* (objet dans le commerce) a deux significations : 1° la chose dont la jouissance est permise ; 2° la chose dont on a acquis la possession. Ainsi le poisson dans la mer n'est pas un *mali mutékavim*, mais il le devient une fois qu'il est pêché.

Art. 128.— On appelle meubles (*menkoul*) toutes choses qui peuvent se transporter d'un lieu à un autre (C. C. N. 528), telles que l'argent monnayé, les marchandises *ourouz*, les animaux, les choses qui se mesurent et celles qui se pèsent.

Art. 129.— On appelle immeubles (*ghaïri menkoul*) les choses dont le transport n'est pas possible, telles que les fonds de terre et les bâtiments.

Art. 130.— *Noukoud*, pluriel de *nakd*, signifie espèces monnayées d'or ou d'argent.

Art. 131.— *Ourouz*, pluriel de *arz*, se dit de toutes marchandises, telles que les étoffes et autres choses semblables, à l'exception des espèces monnayées des animaux et de choses qui se déterminent par leur poids et leur mesure.

Art. 132.— *Moukadérat* ce sont les choses dont on détermine la quantité par la mesure, le poids, le nombre et l'aune ; elles comprennent les choses *mékilat*, *mevzounat*, *adédiat* et *mezrouat*.

Art. 133.— *Keli* et *mékil* signifient la chose qui se détermine par une mesure de capacité.

Art. 134.— *Vézni* et *mevzoun*, la chose qui se pèse.

Art. 135.— *Adédi* et *madoud*, les choses qui se comptent.

Art. 136.— *Zéri* et *mézrou*, la chose qui se mesure au pic (*mesure de longuer.*)

Art. 137.— *Mahdoud* se dit des fonds dont les limites peuvent être déterminées.

Art. 138.— *Mécha*, chose commune par indivis.

Art. 139.— *Hisseï-chaïa* (part indivise), c'est la part de propriété qui s'étend sur chacune des molécules d'un bien commun.

Art. 140.— On appelle *espèce* (*djins*) tout groupe d'individus qui ne diffèrent pas notablement entr'eux.

Art. 141.— *Djezaf* et *mudjazéfé* signifient le marché en bloc.

Art. 142.— *Haki-murour*, c'est le droit de passer sur le fonds d'autrui.

Art. 143.— *Haki-chirb*, c'est le droit de prendre une quantité d'eau déterminée dans une rivière.

Art. 144.— *Haki-messil*, c'est le droit de laisser écouler les eaux ménagères et celles des gouttières.

Art. 145.— On appelle *misli* (*fongibles*) les choses dont on trouve de semblables au marché sans différence de prix.

Art. 146.— On appelle *kiyemi* les choses dont on ne trouve pas de semblables au marché, ou dont les pareilles s'y trouvent avec différence sur le prix.

Art. 147 — Les choses appelées *adédiati-muléka-ribé* sont celles qui se comptent et qui ne diffèrent pas de valeur entre elles. Elles sont toutes fongibles (*misli*).

Art. 148. — *Adédiati-mutéfavité* sont les choses qui se comptent mais qui diffèrent de valeur entre elles. Elles ne sont pas fongibles (*kiémiat*).

Art. 149.— On appelle *Rukn-ul-beï* l'essence du contrat de vente. Elle consiste dans l'échange d'une chose contre une autre; mais comme cette opération se manifeste par la proposition et l'acceptation (*idjab et kaboul*), on leur donne aussi le même nom.

Art. 150.— Par *mahal-ul-béï* on entend la chose vendue.

Art. 151.— *Mébi*, c'est la chose vendue, la chose certaine qui figure dans la vente et dont l'acquisition est le but principal du contrat; car la chose vendue seule procure la jouissance, et le prix n'est qu'un moyen de faciliter l'échange.

Art. 152. — *Sémen*, c'est le prix de la chose vendue ou bien ce qui constitue l'obligation [de l'acheteur.]

Art. 153.— On appelle *séméni-musséma* le prix fixé d'un commun accord par les parties, qu'il soit égal, supérieur ou inférieur à la valeur réelle de la chose.

Art. 154.— *Kiymet* signifie la valeur réelle de la chose.

Art. 155.— On entend par *Mussémen* la chose vendue contre un prix quelconque.

Art. 156.— *Téedjil* signifie l'action de remettre le paiement d'une dette à une époque déterminée.

Art. 157— *Taksit*, c'est l'action de fixer des échéances échelonnées pour le paiement d'une dette.

Art. 158. — *Déin* (dette) c'est la chose qui forme l'objet d'une obligation de donner, par exemple la somme d'argent due par quelqu'un, celle qui n'est pas mise à la portée du créancier; ou bien encore une certaine quantité à donner sur une somme d'argent ou un tas de blé actuellement présents, tant qu'elle n'a pas été séparée de la somme ou du tas.

Art. 159. — *Aïn*, c'est la chose certaine et déterminée. Ainsi, une maison, un cheval, une chaise, de même qu'un tas de blé ou une somme d'argent déterminée, sont des *aïan* ou choses certaines.

Art. 160.— Le *baï* (vendeur) est celui qui vend.

Art. 161.— Le *muchteri* (acheteur) est celui qui achète.

Art. 162.— *Mutébaïan*, ce sont le vendeur et l'acheteur; on les appelle aussi parties contractantes (*akedin*).

Art. 163. — *Ikalé*, c'est l'action de résoudre le contrat de vente.

Art. 164. — *Taghrir*, signifie dol.

Art. 165.— *Ghabni-fahisch* (lésion excessive), c'est la lésion sur le prix de la chose vendue d'au moins un vingtième sur les marchandises dites *ourouz*,(*) un

(*) Quoique le mot *ourouz* s'emploie par opposition à *biens-fonds, animaux, choses qui se règlent à la mesure de capacité et choses qui se pèsent* (*akar, haïvanat, mé*-

dixième sur les animaux et un cinquième sur les biens-fonds.

Art. 166. — *Kadim* est ce dont nul n'a connu le commencement.

TITRE I.

De la conclusion du contrat de vente.

CHAPITRE I.

Des éléments essentiels de la vente.

Art. 167. — La vente se conclut par l'offre et l'acceptation (*idjab vé kaboul*).

Art. 168. — L'offre et acceptation consistent dans les termes que l'usage des différentes localités a consacrés pour la conclusion de la vente. Ces termes ser-

---

kilat et *mevzounat)*, néanmoins on l'emploie aussi quelquefois par opposition à *biens-fonds* et *animaux* seulement.

Or, comme l'article 165 du Code Civil n'énumère pas séparément les choses qui se règlent à la mesure de capacité et au poids, le mot *ourouz* comprend ici ces sortes de choses également.

Tel a été aussi l'avis de la Commission de Rédaction du Code Civil.

(Commentaire de l'art. 165 du Code Civil par S. E. Djevdet Pacha, Ministre de la Justice.)

vent aux parties à fixer les conditions du contrat, ce qui, en turc, s'appelle *haïrlachmak*.

Art. 169.— Pour l'offre et l'acceptation, on se sert le plus souvent du temps passé des verbes.

Par exemple, le vendeur dit : « Je vous ai vendu cet objet pour 100 piastres », à quoi l'acheteur répond « Je vous l'ai acheté » ; ou bien l'acheteur dit : « J'ai acheté l'objet » et le vendeur répond « Je vous l'ai vendu.» La vente se trouve conclue dans les deux cas. Dans le premier cas, les termes « J'ai vendu » constituent l'offre et les termes « J'ai acheté » constituent l'acceptation. Dans le second cas, les mots « J'ai acheté » expriment l'offre et les mots « J'ai vendu » l'acceptation.

La vente est pareillement conclue si le vendeur, au lieu de dire « J'ai vendu » dit « J'ai donné » ou bien « Je vous ai constitué propriétaire», et si l'acheteur, au lieu de « J'ai acheté, » dit « J'ai consenti » ou « J'ai accepté. »

Art. 170.— Lorsqu'en employant les termes *Satarem* (je vends) *alirim* (j'achète), les parties entendent s'en servir dans le sens du présent, la vente se conclut ; mais elle ne se conclut pas si les parties attachent à ces termes le sens du futur. (*)

Art. 171.— La vente ne peut se conclure au moyen

(*) En turc, la forme du présent de l'indicatif *satarem, alirim*, a plutôt un sens futur. Le présent proprement dit se rend par la forme *satiorum, aliorum*. (Not. du Tr.)

de termes employés au temps futur, comme « j'a-
chèterai, je vendrai. » Car alors ce ne sont que de
simples promesses que les parties se font.

Art. 172. — La vente ne se conclut pas non plus
au moyen de termes employés à l'impératif, comme « Vends-moi, achète-moi. » Néanmoins, elle se
conclut aussi par l'emploi de ce mode lorsque le sens
en est nécessairement précisé par les circonstances.
Ainsi lorsque l'acheteur dit « Vendez-moi ceci pour
tant de piastres » et le vendeur répond « Je vous l'ai
vendu » la vente n'est pas conclue. Mais si celui-
ci dit « Achetez-moi cette chose pour tant de piastres»
et l'acheteur répond « Je l'ai achetée », ou si ce dernier ayant dit « Je l'ai achetée » le vendeur répond
« prenez-la » ou bien « Allez, profitez-en », la vente
est conclue. Car dans ces derniers exemples, les mots
« Prenez-la » ou « Allez, profitez-en » signifient « je
vous l'ai vendue, prenez-la ».

Art. 173.— L'offre et l'acceptation peuvent se manifester aussi bien par écrit que verbalement.

Art. 174.— La vente peut aussi se conclure au
moyen des signes non équivoques d'un muet.

Art. 175.— Le but principal de l'offre et de l'acceptation étant de manifester le consentement des parties contractantes, la vente se conclut aussi lorsque
ce consentement se manifeste par un échange effectif;
c'est là ce qu'on appelle le *beï-taati*.

Par exemple, lorsque sans prononcer aucune parole, l'acheteur donne de l'argent au boulanger et

que celui-ci lui remet un pain, la vente est conclue.

Elle l'est également lorsque l'acheteur, en donnant de l'argent à un marchand, prend une de ses pastèques et que ce dernier se tait.

Il en est de même dans l'exemple suivant: Un acheteur s'adresse à un marchand de blé et lui remet cinq pièces d'or en lui demandant: « A quel prix vendez-vous votre blé? » à quoi le marchand répond: « Une livre d'or la mesure,» puis, après avoir gardé le silence, l'acheteur demande livraison de son blé et le marchand répond « Je vous le donnerai demain. » La vente est conclue bien que les formules de l'offre et de l'acceptation n'aient pas été échangées entre les parties. En conséquence, quand même le lendemain le prix du blé hausserait d'une demi-livre la mesure, le vendeur serait obligé de le livrer pour une livre la mesure. Réciproquement, si le prix du blé baissait le lendemain, l'acheteur ne pourrait refuser de le recevoir au prix précédent.

Enfin, l'acheteur qui s'adresse à un boucher en lui disant: « Pesez-moi pour tant de piastres de viande de telle partie du mouton », ne peut refuser d'accepter le morceau si le boucher le coupe et le pèse.

Art. 176. — On peut, par une convention postérieure, modifier la nature du prix, ou bien l'augmenter ou le diminuer. En pareil cas la seconde convention est seule obligatoire.

Par exemple, après avoir conclu la vente d'une chose en en fixant le prix à 100 piastres, si les contractants s'accordent ensuite à le fixer à une livre d'or ou bien à 110 piastres ou à 90 piastres, une nouvelle convention étant ainsi intervenue, elle fait seule la loi des parties.

———————

CHAPITRE II.

De la nécessité de faire concorder l'acceptation avec l'offre.

Art. 177.— L'acceptation doit concorder exactement avec l'offre, tant sur l'objet vendu que sur le prix ; elle ne peut porter sur une partie seulement de la chose ou du prix proposés par l'autre partie.

Par exemple, lorsque le vendeur dit à l'acheteur : «Je vous vends cette pièce d'étoffe pour 100 piastres», si ce dernier veut conclure le marché à ce prix, il doit accepter la pièce entière pour 100 piastres; mais il ne pourrait valablement en accepter la moitié pour 50 piastres.

Pareillement, lorsque le vendeur dit : « Je vous vends ces deux animaux pour 3000 piastres », l'acheteur ne peut prendre que les deux animaux à la fois pour 3000 piastres, et non pas l'un d'eux seulement, pour 1500 piastres.

De même, si le vendeur dit: « Je vous vends ces trois pièces d'étoffe pour 100 piastres chaque » et que l'acheteur réponde « J'achète une pièce pour 100 piastres » ou bien « deux pièces pour 200 piastres » la vente n'est pas conclue.

Art. 178. — Il suffit que l'acceptation concorde implicitement avec l'offre.

Par exemple, si le vendeur dit à l'acheteur : « Je vous vends cette chose pour 1000 piastres » et que celui-ci lui réponde « Je l'accepte pour 1500 », la vente se trouve conclue pour 1000 piastres. Toutefois si, les parties étant encore en présence l'une de l'autre, le vendeur déclare accepter le surplus, l'acheteur est tenu de payer aussi les 500 piastres qu'il a ajoutées dans son acceptation.

Pareillement, si l'acheteur dit : « J'achète cette chose pour 100 piastres et que le vendeur réponde « Je vous la vends pour 800 », la vente est conclue sous déduction de 200 piastres sur le prix offert par l'acheteur.

Art. 179. — Lorsque l'une des parties contractantes énumère séparément les prix de différentes choses dont il offre la vente en bloc, l'autre partie peut, en y consentant, prendre la totalité des objets pour le prix total. Mais elle n'a pas le droit de diviser le marché et de ne prendre que quelques uns seulement des objets offerts, pour leurs prix correspondants.

Par exemple, lorsque le vendeur dit : « Je vous vends ces deux animaux pour 3000 piastres ; celui-ci vaut 2000 piastres et celui-là 1000 », ou bien « ils valent 1500 piastres chaque, » l'acheteur peut prendre les deux animaux à la fois pour 3000 piastres ; mais il ne peut en prendre l'un ou l'autre à volonté, au prix spécialement fixé par le vendeur pour chacun d'eux.

Art. 180.— Lorsque l'un des contractants fixe séparément le prix de divers objets et en offre la vente séparée, l'autre partie peut accepter l'objet qu'elle désire pour son prix déterminé, et la vente est alors conclue pour cet objet seulement.

Par exemple, si le vendeur répétant chaque fois les mots « Je vends, » dit : « Je vends cet objet pour 1000 piastres, je vends cet autre pour 2000 piastres, » l'acheteur peut, à son gré, prendre l'un des deux objets au prix fixé.

CHAPITRE III.

De la réunion du vendeur et de l'acheteur pour la conclusion de la vente.

Art. 181.— Le *Medjlissi bei* est la réunion des partie contractantes dans le but de conclure la vente.

Art. 182.— A la réuniou des parties, chacune d'elles a le droit d'option, du moment où l'offre est faite jusqu'à la fin de la réunion. (*)

Ainsi, par exemple, lorsque dans la réunion l'un des contractants formule son offre en disant «Je vends ou j'achète cette chose à tel prix » si, au lieu de répondre tout de suite «J'achète ou je vends, » l'autre partie ne manifeste son acceptation qu'au bout d'un

_____

(*) Droit d'option. Voyez l'art. 116 et le Titre VI du présent livre.

certain temps, mais dans la même réunion, la vente n'en est pas moins conclue quoiqu'il se soit écoulé un certain temps entre l'offre et l'acceptation.

Art. 183. — Si après l'offre et avant l'acceptation, l'une des parties contractantes fait un acte ou dit une parole qui dénote l'intention de se départir du contrat, l'offre est annulée et il n'y a plus lieu à acceptation.

Par exemple, après que l'un des contractants a dit «je vends ou j'achète,» si l'une des deux parties s'occupe ou parle d'autre chose, l'offre devient nulle et la vente ne peut se conclure par une acceptation ultérieure.

Art. 184. — Si l'un des contractants, après avoir formulé son offre, la retire avant que l'autre ait manifesté son acceptation, l'offre est annulée et la vente ne peut plus être conclue par une acceptation postérieure.

Par exemple, si le vendeur, après avoir dit «Je vends cette marchandise pour tant de piastres,» retire son offre avant que l'acheteur ait répondu «J'achète,» la vente ne pourrait plus se conclure, même si l'acheteur acceptait ensuite.

Art. 185.— Lorsqu'une seconde offre vient remplacer la première avant l'acceptation, la première offre se trouve annulée et l'on n'a égard qu'à la seconde.

Par exemple, si le vendeur après avoir dit « Je vends cette chose pour 100 piastres » se reprend avant que l'acheteur ait accepté et dit: « Je vous la vends pour 100 piastres, » on n'a plus égard à l'offre primitive et la vente ne peut se conclure que pour 100 piastres.

CHAPITRE IV.

De la vente conditionnelle.

Art. 186.— La vente faite sous une condition résultant de la nature même du contrat est valable, ainsi que la condition. (C. C N. 1584.)

Par exemple, lorsque dans une vente le vendeur stipule qu'il aura le droit de retenir l'objet vendu jusqu'au paiement du prix, cette condition, loin de vicier la vente, en constitue au contraire un des effets essentiels.

Art. 187.— Lorsque la vente est conclue sous une condition destinée à assurer l'exécution de l'une des obligations fondamentales du contrat, la vente et la condition sont également valables.

Ainsi, une vente faite sous condition qu'il sera constitué un gage on fourni une caution (pour le paiement du prix) est valable. Et même, en pareil cas, le vendeur est en droit de résoudre le contrat si l'acheteur ne remplit pas la condition dont le but est d'assurer le paiement du prix, c'est-à-dire l'exécution de l'une des obligations fondamentales du contrat de vente.

Art. 188.— Est pareillement valable la vente faite sous une condition consacrée par l'usage du pays où elle se conclut. Telle est la vente d'une fourrure sous condition qu'elle sera cousue à un vêtement, celle d'une serrure sous condition qu'elle sera posée à sa place et celle d'un vêtement déchiré sous condition qu'il sera rapiécé.

Toutes ces conditions sont obligatoires pour le vendeur.

Art. 189.— Lorsque dans la vente il y a une condition qui ne profite ni à l'une ni à l'autre des parties, la vente est valable mais la condition est réputée non avenue.

Si, par exemple, on vend un animal sous la condition que l'acheteur ne le revendra pas ou ne le mettra pas au vert, le contrat est valable mais la condition demeure sans effet.

CHAPITRE V.

De la résolution de la vente.

Art 190.— Les parties peuvent, après la conclusion de la vente, la résoudre d'un commun accord. (Conf. C. N. 1134.)

Art. 191.— De même que la conclusion de la vente, la résolution s'en fait par l'offre et l'acceptation.

Par exemple, si l'une des parties dit : « Je résilie ou j'annule la vente » et que l'autre réponde : « J'y consens, » ou bien si l'une dit à l'autre : « Résilie la vente » à quoi celle-ci répond : « Je la résilie, » la résolution est valable, en d'autres termes la vente est annulée.

Art. 192.— La résolution peut également s'opérer

par la restitution réciproque de l'objet vendu et du prix tenant lieu d'offre et d'acceptation. (*)

Art. 193.— La résolution par consentement mutuel, comme la vente elle-même, doit s'opérer de suite et sans interruption. En d'autres termes, l'acquiescement doit s'exprimer dans la réunion même où l'offre a été faite ; autrement, si après que l'une des parties a proposé la résolution, on se séparait avant que l'autre ait manifesté son acquiescement, ou s'il se produisait un fait dénotant chez l'une des parties une volonté contraire, l'acquiescement ultérieur de l'autre partie n'aurait plus d'effet.

Art. 194. — Lors de la résolution, la chose vendue doit se trouver entre les mains de l'acheteur.

En conséquence, si la chose avait déjà péri, la résolution ne serait pas valable.

Art. 195.— Si la chose n'a péri qu'en partie, il peut y avoir lieu à résolution pour le restant.

Par exemple, la vente d'un champ avec la récolte sur pied peut-être résolue même après la moisson, et pour le champ seulement, contre restitution du prix correspondant.

Art. 196.— La perte du prix n'empêche pas la résolution de la vente.

_____

(*) Voyez art. 175. (N. du Tr.)

TITRE II.

De la chose vendue.

CHAPITRE I.

Des conditions et qualités que doit réunir la chose vendue.

Art. 197.— La chose vendue doit exister au moment de la vente.

Art. 198.— Il faut que la délivrance en soit possible.

Art. 199.— Elle doit être dans le commerce (*Mutékavim.*) (*) (Conf. C. N. 1128.)

Art. 200.— Elle doit être connue de l'acheteur.

Art. 201.— L'acheteur prend connaissance de la chose vendue par la description des qualités qui la distinguent des autres objets. (Conf. C. N. 1129.)

Par exemple, lorsqu'on vend tant de mesures de blé tendre ou le champ compris dans telles ou telles limites, la connaissance de l'objet vendu est suffisante et le contrat est valable.

Art. 202.— Si l'objet vendu se trouve présent au moment de la vente, il suffit de le désigner du geste.

(*) Voyez art. 129. (N. du Tr.)

Ainsi, quand le vendeur dit: « Je vends cet animal-ci » et que l'acheteur le voyant, accepte, la vente est conclue.

Art. 203. — Si la chose vendue est déjà connue de l'acheteur, il suffit de la désigner sans qu'il soit nécessaire de la décrire.

Art. 204. — La chose vendue se détermine par la désignation qu'on en fait au moment du contrat.

Par exemple, quand le vendeur, désignant une montre du geste, dit: « Je vous vends cette montre-ci, » et que l'acheteur accepte, le premier est obligé de livrer cette montre même et ne peut la retenir pour en donner une autre à la place.

CHAPITRE II.

Des choses qui peuvent ou qui ne peuvent être vendues.

Art. 205. — La vente d'une chose qui n'existe pas est nulle. (Conf. N. 1030.)

Ainsi, on ne pourrait pas vendre les fruits non encore apparents d'un arbre.

Art. 206. — On peut vendre les fruits complètement apparents d'un arbre, qu'ils soient mûrs ou non.

Art. 207. — S'agissant de fruits, de feuilles, de fleurs ou de légumes, qui, quoique de même espèce, n'apparaissent que successivement, la vente en bloc de la récolte peut comprendre ceux qui sont apparents au moment de la vente et accessoirement ceux qui ne le sont pas encore.

Art. 208. — Lorsqu'en vendant une chose on en désigne l'espèce, le contrat est nul si la chose vendue se trouve être, en réalité, d'une espèce différente. Ainsi, la vente d'un morceau de verre pour du diamant serait nulle (Conf. C. N. 1109 et 1110.)

Art. 209. — Est nulle la vente de la chose dont la délivrance est impossible. Telle est la vente d'une barque submergée qu'il n'est pas possible de remettre à flot, et celle de l'animal échappé qu'on ne pourrait pas rattraper.

Art. 210. — On ne peut vendre ni donner en échange les choses qui ne sont pas susceptibles de propriété, telles qu'un cadavre ou un homme libre. (Conf. C. N. 1598.)

Art. 211. — La vente des biens qui ne sont pas dans le commerce (*mali-ghaïri-mutékavim*) est nulle (Conf. C. N. 1128-1598).

Art. 212. — La vente est annulable lorsque le **prix** en consiste en un bien qui n'est pas dans le commerce (*mali-ghaïri-mutékavim*).

Art. 213. — Est également annulable la vente des choses indéterminées (Conf. C. N. 1129.)

Par exemple, quand le vendeur dit à l'acheteur : « Je vends pour tant de piastres les choses que je possède » et que l'acheteur répond : « J'accepte, » si celui-ci ne connait pas les objets dont il s'agit, la vente est annulable.

Art. 214.— La vente d'une part indivise mais déterminée, telle que la moitié, le tiers ou le dixième d'un bien-fonds, est valable.

Art. 215.— Le propriétaire d'une part indivise dans une chose commune peut vendre sa part à autrui sans avoir besoin d'obtenir l'adhésion de son copropriétaire.

Art. 216.— La vente d'un fonds comprend ses servitudes de passage, de prise d'eau et d'écoulement des eaux qui y sont attachées. Celle du conduit comprent l'eau qui s'en écoule.

CHAPITRE III.

De la manière dont se vendent les différentes espèces de choses.

Art. 217.— Les choses qui se mesurent, se pèsent, ou se comptent, se vendent aussi bien en bloc qu'au poids, à la mesure et au compte.

Par exemple, on peut valablement vendre en bloc un tas de blé, une meule de foin, un tas de briques ou une balle de marchandises.

Art. 218.— Pour vendre des grains, on peut se servir d'un boisseau ou d'une pierre déterminés comme mesure de capacité ou comme poids. Dans ce cas la vente est valable, même si la capacité du boisseau ou le poids en oques et drames de la pierre ne sont pas exactement connus.

Art. 219. — Ce qui peut-être vendu séparement peut-être excepté de la vente.

Ainsi, on peut valablement stipuler dans la vente des fruits d'un arbre, qu'une certaine quantité en restera au vendeur.

Art. 220. — Les choses qui se comptent, se pèsent, se mesurent ou s'aunent, peuvent être vendues en bloc en déterminant le prix de chaque unité.

Ainsi, on peut valablement vendre un tas de blé, une charge de bois, un troupeau de moutons, une pièce de drap, à tant la mesure, l'oque, la tête ou l'aune.

Art. 221. — Les biens-fonds dont les limites sont fixées peuvent se vendre soit en en déterminant la contenance en pics ou deunums, soit en en désignant les limites.

Art. 222. — Dans la vente on n'a égard qu'à la quantité fixée au contrat (Conf. C. N. 1616.)

Art. 223. — Pour les choses qui se règlent à la mesure de capacité ou qui se comptent sans différer de prix entre elles, ainsi que pour celles qui se pèsent et qu'on peut diviser sans préjudice, lorsqu'on en déclare la quantité totale la vente peut valablement se faire soit par la fixation du prix en bloc, soit par celle du prix de chaque unité de mesure, de poids ou de nombre.

Si, lors de la délivrance, la quantité déclarée se trouve exacte, la vente devient irrévocable.

Mais si la quantité réelle est inférieure à la quantité

déclarée, l'acheteur a le choix de résoudre la vente ou d'accepter la chose vendue en payant le prix proportionnel à la quantité qu'il reçoit (Conf. C. N. 1617.)

Si au contraire il y a un excédant, il appartient au vendeur (Conf. C. N. 1618.)

Par exemple, en supposant qu'on vende un tas de blé, soit en bloc pour 500 piastres, soit à raison de 10 piastres le *kilé* et qu'on déclare qu'il contient 50 *kilés*, si le nombre de *kilés* est exact la vente est irrévocable. Mais s'il ne se trouve que 45 *kilés* dans le tas, l'acheteur a le droit de résoudre le contrat, ou, s'il le préfère, d'accepter les 45 *kilés* pour 450 piastres. Si au contraire il s'y trouve 55 *kilés*, les 5 *kilés* d'excédant reviennent au vendeur.

De même, s'agissant de la vente d'un panier plein d'œufs qu'on a déclaré contenir 100 œufs, au prix de 50 piastres en bloc ou à raison de 20 paras chaque, si à la livraison il ne se trouve que 90 œufs, l'acheteur a le choix de résoudre la vente ou d'accepter les 90 œufs en ne payant que 45 piastres. Si par contre il se trouve 110 œufs, l'excédant de 10 œufs revient au vendeur.

Il en est de même pour la vente d'un baril d'huile qu'on aurait déclaré contenir 100 oques.

Art. 224.— Lorsqu'en vendant des choses qui se pèsent mais qu'on ne peut diviser sans préjudice, l'on déclare un poids total et l'on fixe un prix en bloc, si, lors de la délivrance, le poids réel se trouve être moindre que le poids déclaré, l'acheteur a le choix de se désister du contrat ou d'accepter la chose en payant la totalité du prix convenu.

Si le poids est supérieur, l'excédant appartient à l'acheteur et le vendeur n'a pas le droit de résilier le contrat.

Par exemple : On vend pour 20000 piastres un diamant dont le vendeur a fixé le poids à 5 carats. Si le diamant se trouve ensuite ne peser que 4 carats et demi l'acheteur a le choix de le refuser ou de l'accepter en payant la somme entière de 20000 piastres.

Si au contraire on reconnaît que le diamant pèse 5 carats et demi, il reste néanmoins acquis à l'acheteur pour 20000 piastres, et le vendeur n'a pas le droit de résilier le contrat.

Art. 225. — Si la vente de choses qui se pèsent, mais qu'on ne peut diviser sans préjudice, est faite en fixant le prix de chaque unité de poids ainsi que le poids total de l'objet, et que lors de la délivrance le poids réel soit inférieur ou supérieur au poids déclaré par le vendeur, l'acheteur a le choix de se désister du contrat ou de garder la chose en payant le prix du poids réel, à raison du prix stipulé pour chaque unité de poids.

Par exemple, un réchaud en cuivre que le vendeur déclare peser 5 oques, est vendu à 40 piastres l'oque. Si ensuite on découvre que le poids réel en est de quatre oques et demie ou de cinq oques et demie, l'acheteur est libre d'abandonner l'objet ou de l'accepter en payant 100 piastres dans le premier cas, et 220 piastres dans le second.

Art. 226. — Pour la vente de terrains, de marchandises et de toutes choses en général qui se règlent à la mesure de longueur, soit qu'on stipule un prix en bloc, soit qu'on fixe le prix de chaque unité de mesure, on applique dans tous les cas les règles relatives à la vente des choses qui se pèsent mais ne peuvent être divisées sans préjudice. (*)

Néanmoins, pour les objets qui peuvent être divisés sans préjudice, tels que le drap ou la cotonnade, on suit les dispositions relatives aux choses qui se règlent à la mesure de capacité. (**)

Par exemple, un terrain étant vendu en bloc pour 1000 piastres avec une contenance déclarée de 100 pics, si on reconnaît ensuite qu'il ne contient que 95 pics, l'acquéreur a le choix d'abandonner le terrain ou de l'accepter tel quel en payant 1000 piastres.

S'il y a au contraire un excédant, il revient à l'acquéreur sans augmentation de prix.

De même, lorsqu'on vend en bloc pour 400 piastres une pièce d'étoffe spécialement fabriquée pour la confection d'un habillement complet, en déclarant qu'elle contient 8 pics, si on reconnaît ensuite qu'elle n'en contient que sept, l'acheteur a le choix de se dé-

---

(*) Voyez art. 224 et 225. (N. du Tr.)
(**) Voyez art. 223 (N. du Tr.)

sister de la vente ou d'accepter la pièce en payant 400
piastres. Dans le cas où il y aurait au contraire 9
pics d'étoffe, il pourrait garder toute la pièce sans augmentation de prix.

D'autre part, en supposant que l'on vende un terrain à raison de 10 piastres le pic en indiquant une
contenance de 100 pics, si la contenance réelle est
de 95 ou de 105 pics, l'acheteur a le choix d'abandonner le marché ou d'accepter le terrain en payant
950 piastres dans le premier cas et 1050 piastres dans
le second. (Conf. C. N. 1617-1618-1619.)

Pareillement, si l'on vend à raison de 50 piastres
le pic, une pièce d'étoffe destinée à la confection d'un
habillement complet en indiquant qu'il y a 6 pics
d'étoffe, tandis qu'en réalité il y en a 7 ou 9, l'acheteur peut, à son choix, se désister du contrat ou accepter la pièce en payant 350 piastres dans le premier cas et 450 dans le second.

Mais quand on vend une pièce comme contenant
150 pics de drap, soit pour 7500 piastres en bloc,
soit à raison de 50 piastres le pic, si en réalité il ne
se trouve que 140 pics de drap, l'acheteur a le choix
d'abandonner la pièce ou de la garder pour 7000
piastres. Si au contraire il y a plus de 150 pics, le
surplus appartient au vendeur.

Art. 227.— Dans la vente en bloc des choses qui
se comptent mais ne diffèrent pas entre elles, lorsqu'on n'a fait que désigner le prix total, si à la délivrance le nombre déclaré se trouve exact, la

vente est irrévocable ; elle est annulable si le nombre se trouve être supérieur ou inférieur.

Par exemple, la vente pour 2500 piastres d'un troupeau qu'on a déclaré être de 50 têtes, est annulable si à la délivrance on reconnaît qu'il se compose de 45 ou 55 têtes.

Art. 228. — Lorsque dans la vente des choses dont il est parlé à l'article précédent on détermine, en même temps que le nombre, le prix de chaque pièce, la vente est irrévocable si à la livraison le nombre est reconnu exact. S'il est reconnu inférieur, l'acheteur a le choix de se désister ou d'accepter la quantité livrée en payant la partie proportionnelle du prix stipulé. Si au contraire il est supérieur, la vente est annulable.

Par exemple, on vend, à raison de 50 piastres par tête, un troupeau de moutons qu'on déclare contenir 50 têtes tandis qu'il n'en contient réellement que 45. L'acheteur a, dans ce cas, le choix d'abandonner la vente ou d'accepter les 45 moutons pour 2250 piastres. Si au contraire il y a 55 têtes, la vente est annulable.

Art. 229. — Dans tous les cas où, d'après les articles précédents, l'acheteur a la faculté de résoudre la vente, il perd ce droit une fois qu'il a pris livraison de la chose vendue sachant qu'elle était de moindre quantité.

CHAPITRE IV.

Des choses qui, sans être expressément énoncées, sont comprises dans la vente.

Art. 230. — Toutes choses que l'usage local considère comme accessoires de la chose vendue, sont comprises dans la vente sans qu'il soit besoin de désignation formelle. (Conf. C. N. 1135-1615.)

Ainsi, la vente d'une maison comprend implicitement la cuisine et les celliers, celle d'une forêt d'oliviers comprend les arbres qui la composent, sans qu'il soit besoin de mention spéciale. Car la cuisine et les celliers sont les dépendances ordinaires d'une maison, et que par forêt d'oliviers on entend, non pas un terrain nu, mais un espace de terrain planté d'oliviers.

Art. 231. — Les choses qui, étant donné l'objet de la vente, ne sauraient être séparées de la chose vendue, sont comprises dans la vente lors même qu'il n'en est pas fait spécialement mention. (Conf. C. N. 1615.)

Ainsi, la vente d'une serrure en comprend implicitement la clef; celle d'une vache laitière comprend le veau qui tette.

Art. 232. — La vente d'une chose comprend implicitement celles qui y sont fixées à demeure (Conf. C. N. 1615.)

Ainsi, la vente d'une maison comprend les serrures fixées aux portes, les armoires fixes, les bancs servant

5

à poser des divans, et autres choses semblables attachées à demeure, ainsi que le jardin compris dans
ses limites et les avenues conduisant à la voie publique ou à une impasse. De même, la vente d'un jardin ou d'un terrain comprend les arbres qui y sont
plantés. Car tous les accessoires ci-dessus énumérés,
ne pouvant être séparés de l'objet principal, sont ré-
putés être cédés en même temps, quand même on
n'en ferait pas mention spéciale au contrat.

Art. 233. — Ce qui ne rentre pas dans la désignation de la chose vendue, ou qui n'y est pas fixé à demeure et n'en constitue pas partie intégrante, ou enfin
qu'il n'est pas d'usage de vendre en même temps
qu'elle, n'est pas compris dans la vente, à moins de
mention expresse. Mais tout ce que l'usage local
considère comme accessoire de la chose vendue, est
compris dans la vente.

Par exemple, en vendant une maison on n'est pas
censé vendre en même temps l'armoire, le canapé,
les chaises, et autres choses semblables qui s'y trou-
veraient non fixées à demeure et destinées à être dé-
placées. De même, ne sont pas compris, à moins de
désignation spéciale : les caisses de citronniers, les pots
de fleurs et les plantes destinées à être replantées ailleurs, dans la vente d'une vigne ou d'un jardin ; la
récolte dans la vente d'un champ ; les fruits dans la
vente d'un certain nombre d'arbres.

Mais dans les localités où il est d'usage de vendre
le mors en même temps que le cheval et le licou en

même temps que la bête de somme, il n'est pas besoin de mentionner spécialement ces objets au contrat.

Art. 234. — Aucune partie du prix ne correspond à l'accessoire de la chose vendue.

Si, par exemple, le licou d'une bête de somme vendue disparaît avant la délivrance, l'acheteur n'a droit à aucune diminution de prix.

Art. 235. — Tout ce qui s'entend par certaines expressions générales ajoutées lors de la conclusion de la vente, est compris dans celle-ci (Conf. C. N. 1615.)

Ainsi, lorsque le vendeur dit : « Je vends cette maison avec tous les droits y afférents, » la vente comprend les droits de passage, de prise d'eau, d'égout, attachés à la maison.

Art. 236. — Les fruits et le croît, produits par la chose vendue depuis la vente et avant la délivrance, appartiennent à l'acheteur.

Par exemple, les fruits et les légumes produits par le fonds vendu, avant la délivrance, appartiennent à l'acheteur. Il en est de même pour la part d'une vache vendue qui aurait mis bas avant d'être livrée à l'acheteur.

TITRE III.

Du prix.

CHAPITRE I.

Des Conditions que doit réunir le prix.

Art. 237. — Le prix doit être déterminé au moment de la vente, autrement le contrat est annulable (Conf. C. N. 1591)

Art. 238.—Le prix doit être connu.(Conf. C. N.1591.)

Art. 239.— On parvient à la connaissance du prix par sa vue, s'il est présent, ou par la détermination de ses quantité et qualités, s'il n'est pas présent. (Conf. C. N. 1129.)

Art. 240.—Dans les localités où il circule différentes espèces de monnaie d'or, si l'on fixe comme prix une certaine quantité de pièces d'or quelconques, sans en désigner l'espèce, la vente est annulable.

Il en est de même pour les monnaies d'argent.

Art. 241— Lorsque le prix est convenu en piastres, (*) l'acheteur peut payer en une monnaie quelconque, pourvu qu'elle ait cours.

Art. 242.— Lorsque le prix a été stipulé avec dési-

(*) La piastre est l'unité monétaire en Turquie.(N.du Tr.)

gnation d'une espèce de monnaie déterminée,le paiement n'en peut être fait que dans la monnaie spécifiée. (Conf. C. N. 1243.)

Ainsi, par exemple, il devra être fait en médjidiés
d'or (Livres Turques,) ou en Livres-Sterling, ou en
pièces de vingt francs, ou en médjidiés d'argent, ou
en réaux, suivant que les parties auront convenu
de l'une ou l'autre de ces monnaies.

Art. 243.— Lorsque dans la vente l'on montre
la chose qui en constitue le prix, celle-ci ne se trouve
pas, par cela même, spécifiée d'une façon exclusive.

Ainsi, l'acheteur qui, tenant une livre d'or dans la
main, dit: « J'achète cet objet au prix de cette pièce, »
n'est pas tenu, en cas d'acceptation du vendeur, de
donner la pièce même qu'il a dans la main, mais
peut en donner une autre semblable.

Art. 244.— Au lieu de la monnaie convenue on
peut donner ses subdivisions. Mais en cette matière,
on doit se conformer aux usages locaux.

Ainsi, lorsque la monnaie convenue est le medjidié d'argent, on peut donner en place ses subdivisions de 10 et de 5 piastres.

Mais d'après l'usage actuellement en vigueur à
Constantinople, on ne pourrait donner, à la place du
medjidié d'argent, ses subdivisions de 1 et de 2 piastres. (*)

_____

(*) Conf. dans la Lég. Française. — Décret du 18 Août
1810 art. 2. (N. du Tr.)

CHAPITRE II.

De la vente à terme.

Art. 245.— Dans la vente, on peut valablement stipuler un terme pour le paiement du prix, ou bien convenir de paiements échelonnés.

Art. 246. — Dans le cas de l'article précédent, le terme et les époques des échéances doivent être déterminés.

Art. 247.-- La vente est valable lorsque le terme pour le paiement du prix est fixé à tant de jours, de mois ou d'années, ou bien lorsque l'échéance en est placée à une époque déterminée et connue des parties, comme, par exemple, au jour du *Kassim*. (*)

Art. 248. — Lorsque l'échéance est incertaine, comme quand on dit : «Je paierai à la première pluie,» le vente est annulable.

Art. 249.— Dans la vente à crédit sans fixation de terme, on a droit à un mois de délai pour le paiement du prix.

Art. 250.— Le délai pour le paiement à terme ou à échéances échelonnées, commence à courir du jour de la délivrance de la chose vendue.

Par exemple, si, après avoir vendu la chose en accordant un an pour le paiement du prix, le vendeur ne la délivre à l'acheteur qu'un an après la

(*) Le 25 Octobre V. S. (N. du Tr.)

conclusion du contrat, il devra attendre une autre année encore à partir de la délivrance, en d'autres termes, l'acheteur ne sera obligé de payer le prix que deux ans après la conclusion de la vente.

Art. 251. — La vente pure et simple (*) est toujours censée faite au comptant.

Néanmoins, dans les localités où il est d'usage, même pour la vente pure et simple, que le paiement du prix se fasse dans un certain délai ou à diverses échéances connues, on se conforme à l'usage (Conf. C. N. 1160.)

Par exemple, quand on achète quelque chose au marché, sans mentionner si c'est au comptant ou à crédit, on est tenu d'en payer le prix de suite.

Si cependent il est d'usage dans la localité de régler les marchés, en totalité ou une partie, à la fin de chaque semaine ou de chaque mois, on a égard à l'usage.

(*) Celle où il n'y a ni terme ni condition. (N. du Tr.)

TITRE IV.

Des droits respectifs des parties sur la chose vendue et sur le prix, après la conclusion de la vente.

CHAPITRE I.

Des droits du vendeur sur le prix et de l'acheteur sur la chose vendue, pendant l'intervalle qui s'écoule entre la conclusion de la vente et la délivrance.

Art. 252.— Le vendeur peut disposer du prix avant de l'avoir reçu. Par exemple, il peut en faire délégation à un créancier.

Art. 253.— L'acheteur peut, avant la délivrance, vendre la chose, si c'est un immeuble; mais il ne peut le faire si c'est un meuble.

CHAPITRE II.

De l'augmentation ou de la diminution de la chose vendue ou du prix, après la conclusion de la vente.

Art. 254. — Le vendeur peut, après la conclusion de la vente, augmenter la quantité de la chose vendue. Si l'acheteur accepte l'augmentation dans la conférence (*) même où elle est proposée, il peut exiger là délivrance du surplus et le vendeur ne pourrait plus se dédire.

Mais l'acceptation de l'acheteur, faite après la séparation des parties, serait sans effet.

Par exemple, après que les parties ont convenu de la vente de 20 pastèques, si le vendeur propose d'en donner cinq de plus pour le même prix et que l'acheteur accepte aussitôt, celui-ci reçoit 25 pastèques pour 20 piastres. Mais si, au lieu d'accepter dans la même conférence, il n'accepte que plus tard, il ne peut pas obliger le vendeur à lui donner le surplus.

Art. 255. — L'acheteur peut également augmenter le prix convenu, après la conclusion de la vente. En pareil cas, le vendeur qui accepte dans la même conférence a le droit d'exiger le paiement de l'augmentation sans que l'acheteur puisse s'y soustraire.

Mais l'acceptation du vendeur n'aurait aucun effet si elle avait lieu après la séparation des parties.

Par exemple, si, après avoir conclu pour 1000 piastres la vente d'un cheval, l'acheteur déclare ajouter 200 piastres à ce prix, et que le vendeur accepte dans la même conférence, le premier ne peut recevoir le cheval qu'en payant 1200 piastres. Mais si le vendeur ne formule son acceptation qu'après que les parties se sont séparées, l'acheteur ne peut être obligé à payer les 200 piastres d'augmentation.

(*) *Medjlissi-bei*, V. art. 181 et s. (N. du Tr.)

Art 256.—Le vendeur peut valablement faire, après la conclusion de la vente, une diminution sur le prix convenu.

Ainsi, après qu'on a convenu de la vente d'un bien pour 100 piastres, si le vendeur déclare faire une diminution de 50 piastres, il ne peut recevoir que 80 piastres pour prix de sa chose.

Art. 257.— L'augmentation de la chose vendue ou la diminution de prix faites par le vendeur, de même que l'augmentation du prix faite par l'acheteur, après la conclusion de la vente, se rapportent au contrat primitif, en sorte que celui-ci est censé avoir été conclu dès le début sur ces bases.

Art. 258. — La quantité ajoutée par le vendeur à la chose vendue, après la conclusion de la vente, correspond à une part proportionnelle du prix convenu.

Ainsi, lorsque le vendeur qui a vendu 8 pastèques pour 10 piastres, en ajoute deux autres que l'acheteur accepte, il y a 10 pastèques vendues pour 10 piastres, en sorte que, si avant la délivrance les deux pastèques ajoutées périssent, il y a lieu à réduction proportionnelle du prix convenu, et le vendeur ne peut plus réclamer que 8 piastres pour les 8 pastèques qui restent.

De même, si celui qui, après avoir vendu 1000 pics de terrain pour 10,000 piastres, en ajoute encore 100 pics, que l'acheteur accepte, le tiers qui surviendrait pour exercer un droit de retrait (*chifâ*) pourrait, moyennant 10,000 piastres, acquérir le tout, c'est-à-dire les 1,100 pics de terrain vendus.

Art. 259.— Lorsque l'acheteur, après la conclusion de la vente, augmente le prix convenu, le prix primitif et son augmentation constituent, mais à l'égard des parties seulement, un prix total représentant la valeur de la chose vendue.

En conséquence, si, par exemple, après la vente d'un immeuble pour 10,000 piastres, l'acheteur, avant de prendre possession de la chose, fait sur le prix une augmentation de 500 piastres que le vendeur accepte, le prix de l'immeuble se trouve fixé à 10,500 piastres, en sorte qu'en cas d'éviction, l'acheteur a le droit d'obliger le vendeur à la restitution de cette dernière somme.

Par contre, si un tiers se présente pour exercer un droit de retrait *(chifâ)* il peut acquérir l'immeuble pour 10,000 piastres sans que le vendeur puisse lui réclamer l'augmentation de 500 piastres, car le droit du retrayant se rapporte au contrat primitif, et l'augmentation postérieurement faite, n'ayant d'effet qu'à l'égard des parties contractantes, ne peut être opposée au tiers. (Conf. C. N. 1165.)

Art. 260.— Si, après la conclusion de la vente, le vendeur diminue le prix primitivement stipulé, le restant représente la valeur de la chose vendue.

Ainsi, après qu'un immeuble a été acheté pour 10,000 piastres, si le vendeur fait une diminution de 1000 piastres sur le prix, la valeur de l'immeuble reste représentée par 9000 piastres. En conséquence, celui qui ferait valoir un droit de retrait pourrait l'acquérir pour ce dernier prix.

Art. 261.— Le vendeur peut, avant la délivrance, faire remise de la totalité du prix. Mais cet acte ne se rapporte pas au contrat primitif. D'où il suit que si le vendeur, après avoir vendu son fonds, par exemple, pour 10,000 piastres, fait remise de la totalité du prix avant la délivrance, celui qui se prévaudrait d'un droit de retrait pourrait acquérir le fonds moyennant 10,000 piastres, mais il ne pourrait pas prétendre l'acquérir sans rien payer.

TITRE V.

De la délivrance.

CHAPITRE I.

Des différentes manières dont s'effectue la délivrance.

Art. 262.— Ce n'est pas une condition essentielle de la vente que l'acheteur soit mis en possession de la chose vendue au moment même du contrat. Seulement, après la conclusion de la vente, l'acheteur doit d'abord payer le prix, et le vendeur est ensuite tenu de délivrer la chose. (Conf. C. N. 1651, 1603, 1612.)

Art. 263.— La délivrance s'opère par l'autorisation que le vendeur donne à l'acheteur de prendre possession de la chose vendue de telle sorte que celui-ci puisse le faire sans obstacle. (Conf. C. N. 1604.)

Art. 264.— Aussitôt que la délivrance est effectuée, l'acheteur est réputé avoir pris possession de la chose vendue.

Art 265.— Le mode dont s'effectue la délivrance varie suivant l'espèce de la chose vendue.

Art. 266.— Dans la vente d'une terrain ou d'un champ, lorsque l'acheteur se trouve sur le fonds vendu ou qu'il peut l'apercevoir par quelque côté, la permission donnée par le vendeur d'en prendre possession vaut délivrance.

Art. 267.— A la délivrance d'un champ couvert de sa récolte, le vendeur est tenu d'en débarrasser le champ en y faisant paître des animaux ou en le faisant moissonner.

Art. 268.— En effectuant la délivrance d'un arbre fruitier, le vendeur est tenu de le dépouiller préalablement de ses fruits.

Art. 269.— En cas de vente de fruits pendants par branches, le vendeur en opère la délivrance en permettant à l'acheteur de les cueillir.

Art. 270.— S'agissant de la tradition d'un immeuble dont la porte a une serrure, tel qu'une maison ou une vigne, si l'acheteur et le vendeur se trouvent dans l'immeuble il suffit que le vendeur dise: « Je vous le délivre » pour que la délivrance s'accomplisse. S'ils sont hors de l'héritage, mais assez près pour que l'acheteur puisse en fermer la porte à clef, la délivrance s'opère également de la même façon. Mais si l'acheteur ne se trouve pas aussi près, la tradition n'est réputée accomplie qu'au bout d'un laps de temps suffisant pour que l'acheteur puisse se rendre à la propriété et y pénétrer.

Art. 271. — La tradition d'un immeuble fermé à clef s'opère par la remise de la clef. (Conf. C.N.1605.)

Art. 272. — La délivrance des animaux s'opère en les prenant par la tête, par l'oreille ou par la bride. (Conf. C. N. 1606. — 1°)

Néanmoins, si l'animal se trouve à un endroit où l'acheteur puisse facilement le prendre, il suffit que le vendeur le montre à celui-ci en lui permettant de le prendre.

Art. 273. — Pour faire délivrance des choses qui se règlent à la mesure de capacité ou au poids, il suffit de les mesurer ou de les peser sur l'ordre de l'acheteur, et de les placer dans le récipient destiné à les recevoir. (*)

Art. 274. — La délivrance des marchandises appelées *Ourouz* s'opère, soit en les mettant entre les mains de l'acheteur, soit en les plaçant à côté de lui, soit en les lui désignant et en lui permettant de les prendre. (Conf. C. N. 1606. — 1°)

Art. 275. — En cas de vente en bloc de choses con-

(*) Voyez art. 54. (N. du Tr.)

tenues dans un lieu fermé à clef, tel qu'un grenier
ou un coffre, la délivrance se fait en remettant la clef
entre les mains de l'acheteur et en lui permettant de
prendre possession des objets vendus. (Conf. C. N.
1606. 11—2°.)

Ainsi, dans la vente en bloc d'une quantité de blé
contenu dans un grenier ou d'une caisse de livres,
la remise de la clef du grenier ou de celle de la caisse
vaut délivrance.

Art. 276 — Lorsque le vendeur, voyant l'acheteur
prendre possession de la chose vendue, ne s'y oppose
pas, son silence équivaut à autorisation.

Art. 277. — L'acheteur ne prend pas valablement
possession de la chose vendue lorsqu'il s'en empare
sans le consentement du vendeur et avant d'avoir
payé le prix. Mais si la chose vient à périr ou à se
détériorer, la prise de possession est considérée comme valable.

CHAPITRE II.

Du droit de rétention du vendeur sur la chose vendue.

Art. 278.— Dans la vente au comptant, le vendeur a le droit de retenir la chose vendue jusqu'à ce
que l'acheteur en paie intégralement le prix. (Conf.
C. N. 1612.)

Art. 279.— Dans la vente en bloc de plusieurs choses, le vendeur, quand même il aurait fixé séparément un prix pour chaque objet, a le droit de retenir la totalité des choses vendues tant que le prix total n'en a pas été payé.

Art. 280.— Le vendeur ne perd pas son droit de rétention sur la chose vendue, alors même que l'acheteur donne un gage ou fournit une caution. (*)

Art. 281.— Le vendeur qui délivre la chose vendue avant d'un avoir reçu le prix, est déchu de son droit de rétention. En conséquence, il ne pourrait réclamer restitution de la chose pour la détenir jusqu'au paiement du prix.

Art. 282.— Est également déchu du droit de rétention le vendeur qui donne à un tiers délégation sur l'acheteur pour le prix de la chose vendue, et dans ce cas, il est tenu de délivrer celle-ci de suite à l'acheteur.

Art. 283.— Dans la vente à crédit, le vendeur n'a pas le droit de retenir la chose vendue, mais doit en faire immédiatement délivrance à l'acheteur et attendre l'échéance du terme pour en toucher le prix. (Conf. C. N. 1612.)

Art. 284.— Le vendeur qui, après avoir stipulé la vente au comptant, accorde un délai à l'acheteur pour le paiement du prix, déchoit de son droit de rétention et est tenu de délivrer immédiatement la chose pour n'en recevoir le prix qu'à l'échéance du terme.

(*) *Contrà*, C. N. 1613. (N. du Tr.)

CHAPITRE III.

Du lieu.où la délivrance doit se faire.

Art. 285.— Dans la vente pure et simple, la délivrance doit se faire au lieu où se trouvait, au temps de la vente, la chose qui en a fait l'objet. (Conf. C. N. 1609.)

Ainsi, lorsquel'on vend à Constantinople du blé qui se trouve à Rodosto, on est tenu d'en faire la délivrance à Rodosto ; mais on ne peut pas être obligé à le délivrer à Constantinople.

Art. 286.— L'acheteur qui, ignorant le lieu où se trouve l'objet vendu, ne l'apprend qu'après la conclusion du contrat, a le choix de résoudre la vente, ou de prendre livraison de la chose à l'endroit où elle se trouvait lors de la conclusion du contrat.

Art. 287.— Lorsqu'il a été convenu que la chose vendue doit être livrée à un endroit déterminé, la délivrance doit en être faite à cet endroit même. (Conf. C. N. 1609.)

6

CHAPITRE IV.

Des frais et charges de la délivrance.

Art. 288.— Les frais relatifs au prix, tels que les frais de change et ceux payés pour la numération ou le pesage de la monnaie, sont à la charge de l'acheteur. (Conf. C. N. 1248.)

Art. 289.— Les frais de la délivrance de la chose vendue, tels que ceux du mesurage et du pesage, sont à la charge du vendeur. (C. C. N. 1608.)

Art. 290.— Dans les marchés en bloc, les frais sont à la charge de l'acheteur.

Ainsi, celui qui a acheté en bloc les raisins d'une vigne est tenu des frais de la vendange. De même, celui qui a acheté en bloc le blé d'une grange doit supporter les frais de l'enlèvement et du transport. (Conf. C. N. 1608.)

Art. 291.— Dans la vente des choses qui se transportent à dos de bête, telles que le bois et le charbon, les frais de transport jusqu'à la maison de l'acheteur se règlent d'après l'usage local.

Art. 292.— Les frais de rédaction des actes et titres de propriété sont à la charge de l'acheteur. (Conf. C. N. 1593.)

Toutefois le vendeur est tenu, de son côté, de comparaître par devant le juge pour y faire la déclaration nécessaire à la rédaction du titre.

CHAPITRE V.

De la perte de la chose vendue.

Art. 293.— La perte de la chose vendue, survenue entre les mains du vendeur avant la délivrance, est à la charge de celui-ci. (Conf. C.N. 1138 *in fine*, 1583, 1585.)

Art. 294.— Si la chose périt après que l'acheteur en a reçu délivrance, c'est celui-ci qui en supporte la perte.

Art 295.— Si l'acheteur, après avoir pris possession de la chose vendue mais avant d'en avoir payé le prix, meurt en laissant une succession obérée, le vendeur n'a pas le droit de revendiquer l'objet vendu, mais entre dans la masse des créanciers de la succession pour le prix. (*Contrà* C. N. 2102 N° 4.— 2103 N° 1.)

Art. 296.— Si c'est avant d'avoir pris possession de la chose vendue et d'en avoir payé le prix, que l'acheteur meurt en laissant une succession obérée, le vendeur a le droit de retenir la chose jusqu'à ce qu'il soit payé sur l'actif de la succession.

En pareil cas, le juge procèdera à une nouvelle vente de la chose ; et si le produit en est suffisant, après avoir intégralement payé le vendeur primitif, il remettra l'excédant, (s'il y en a,) à la masse des créanciers du défunt. Mais si le produit de la revente n'est pas suffisant pour désintéresser le vendeur primitif, celui-ci, après en avoir touché la totalité, concourra au marc le franc sur l'actif de la succession, pour le restant de sa créance. (Conf. C. N. 2102 N° 4 et 2103 N° 1.)

Art. 297. — Si c'est le vendeur qui, après avoir touché le prix et avant d'avoir livré la chose vendue, décède en laissant une succession obérée, la chose est considérée comme ayant été en dépôt entre les mains du défunt, et l'acheteur peut en prendre possession sans que les créanciers de la succession puissent s'y opposer.

CHAPITRE VI.

De la vente à l'essai et de la vente sous condition d'examiner ou de faire examiner l'objet acheté.

Art. 298. — Dans la vente faite à l'essai, c'est-à-dire dans celle où l'acheteur, après avoir convenu du prix, emporte la chose avec l'intention de l'acheter, celui-ci est tenu, en cas de perte de la chose entre ses mains, d'en rembourser la valeur au vendeur, si la chose n'est pas fongible (*kiyémi*,) ou de lui en fournir une semblable, si elle est fongible (*misli*.)

Mais si le prix n'en avait pas été convenu, la chose étant alors considérée comme en dépôt entre les mains

de l'acheteur, celui-ci ne serait pas tenu de la perte
survenue sans sa faute. (Conf. C. N. 1587, 1588,
1182.)

Par exemple, le vendeur ayant dit: « Ce cheval
vaut 1000 piastres, emportez-le et achetez-le s'il vous
agrée, » si l'acheteur emmène le cheval chez lui sous
cette condition, il est tenu, en cas de perte de l'animal, d'en rembourser la valeur au vendeur.

Mais si c'est sans fixer le prix que le vendeur engage l'acheteur à emmener le cheval chez lui, l'acheteur qui emmène l'animal dans l'intention d'en dé-
battre le prix plus tard et de l'acheter s'il lui agrée,
n'est pas tenu de la perte fortuite de l'animal, arrivée
entre ses mains.

Art. 299. — Lorsque la chose a été prise sous condition de l'examiner ou de la faire examiner par un
tiers, que le prix en soit ou n'en soit pas fixé, elle est
simplement en dépôt *(émanet)* entre les mains de celui qui l'a prise, et celui-ci ne serait pas responsable
en cas de perte survenue sans sa faute.

TITRE VI.

Du droit d'option. (*)

———◦◦◦◦◦———

CHAPITRE I.

Du droit d'option stipulé par les parties.

Art. 300. — On peut valablement stipuler dans une vente la condition que, dans un délai fixé, l'une ou l'autre des parties contractantes ou toutes les deux à la fois, auront le choix de résoudre le contrat ou de le rendre obligatoire en le confirmant. (Conf. C. N. 1584). (**).

Art. 301. — La partie en faveur de laquelle la condition de l'article précédent aurait été stipulée, peut, dans le délai convenu, résilier ou confirmer la vente.

Art. 302. — La volonté de résoudre ou de confirmer le contrat peut être expressément manifestée ou résulter d'un acte quelconque.

Art. 303. — La confirmation expresse se fait par l'emploi de termes qui expriment le consentement, tels que « Je consens, j'accepte, » et la résolution par

———

(*) Voyez art. 116. (N. du Tr.)
(**) D'après l'art. 1174 du Code Napoléon, la condition purement potestative de la part de celui qui s'oblige rend la convention nulle. (N. du Tr.)

des termes qui dénotent la non-acceptation, tels que
« Je résous, je me désiste. »

Art. 304. — La confirmation ou la résolution tacites s'opèrent par des actes qui dénotent l'acceptation
ou la non-acceptation.

Ainsi, celui qui a acheté une chose avec droit d'option est réputé avoir confirmé le contrat lorsqu'avant
l'expiration du terme convenu, il agit en maître à l'é-
gard de la chose, par exemple en la mettant en vente
ou en gage, ou en la donnant à bail. De la part du
vendeur, ces mêmes actes équivalent à résolution.

Art. 305. — Si la partie qui a le choix de résoudre
ou de confirmer la vente, laisse s'écouler le délai convenu sans manifester sa volonté, la vente devient irrévocable.

Art. 306. — Le droit d'option stipulé dans le contrat ne se transmet pas aux héritiers.

En conséquence, si c'est le vendeur qui a le bénéfice du droit d'option, sa mort rend l'acheteur propriétaire de la chose vendue.

Si ce droit appartient à l'acheteur, à sa mort la chose
reste à l'héritier, qui n'a plus le droit de résoudre la
vente.

Art. 307. — Lorsque le droit d'option a été stipulé
en faveur des deux parties contractantes, si l'une d'elles résout la vente, celle-ci demeure sans aucun effet,
Si au contraire l'une des parties la ratifie, cette partie est seule déchue du droit d'option lequel subsiste
au profit de l'autre partie.

Art. 308.— Lorsque le vendeur seul stipule le droit d'option en sa faveur, la chose vendue ne sort point de son patrimoine et il ne cesse pas d'en être le propriétaire, en sorte que si, après la délivrance, elle périt entre les mains de l'acheteur, celui-ci est tenu de payer au vendeur, non pas le prix stipulé, mais la valeur de la chose au moment de la délivrance.

Art. 309.— Si le droit d'option a été stipulé en faveur de l'acheteur seulement, la chose vendue est censée sortir du patrimoine du vendeur pour entrer dans celui de l'acheteur, et au cas où, après la délivrance, la chose périrait entre les mains de ce dernier, il serait tenu d'en payer le prix convenu.

CHAPITRE II.

Du droit d'option résultant de l'erreur sur les qualités de la chose vendue.

Art. 310.— Lorsque le vendeur déclare que la chose vendue jouit d'une qualité qu'elle ne possède pas en réalité, l'acheteur a le choix, ou de résoudre la vente, ou d'accepter la chose vendue en payant la totalité du prix convenu. C'est ce qu'on appelle *Hiar-i-vassf*. (Conf. C. N. 1110.)

Par exemple, lorsqu'une vache qu'on a vendue comme laitière se trouve être tarie, l'acheteur a le droit d'option.

Il en est de même lorsqu'une topaze jaune est vendue, pendant la nuit, pour une topaze rouge.

Art. 311.— Le droit d'option résultant de l'erreur sur les qualités de la chose vendue se transmet aux héritiers.

En conséquence, en cas de mort de l'acheteur auquel ce droit serait acquis, son héritier a également le même droit lorsqu'il découvre que la chose vendue ne possède pas les qualités qui lui avaient été attribuées.

Art. 312.— L'acheteur qui fait acte de propriétaire sur la chose vendue est déchu du droit d'option pour cause d'erreur sur les qualités de la chose.

CHAPITRE III.

Du droit d'option résultant du non-paiement du prix.

Art. 313.— Les parties contractantes peuvent valablement convenir d'un terme pour le paiement du prix, avec la condition que, faute de paiement au terme convenu, la vente sera résiliée. C'est ce qu'on appelle *Hiar-i-nakd.* (Conf. C. N. 1654 et 1656.)

Art. 314.— La vente faite sous la condition de l'article précédent devient annulable, si l'acheteur ne paie pas le prix dans le délai convenu.

Art. 315. Dans une vente de cette nature, en cas de décès de l'acheteur, le contrat devient nul.

CHAPITRE IV.

De la vente de choses alternatives. (Conf. C. N. 1189 à 1196.)

Art. 316.— Le vendeur et l'acheteur peuvent valablement convenir qu'entre deux ou plusieurs corps certains dont ils déterminent séparément le prix, l'un pourra donner ou l'autre pourra prendre celui de ces objets qu'il choisira. C'est ce qu'on appelle *hiaritayin* (Conf. C. N. 1190.)

Art. 317.— Dans la vente de choses alternatives, on doit fixer un terme pour l'exercice du droit de choisir.

Art. 318.— La partie à laquelle le choix a été déféré par le contrat, est tenue de choisir dans le délai stipulé.

Art. 319.— Le droit de choisir se transmet par succession.

Ainsi, par exemple, lorsque le vendeur offre la vente de trois pièces d'étoffe de même espèce mais de qualités différentes, en accordant à l'acheteur le droit de choisir entre les trois pièces dans un délai de trois ou quatre jours, et que l'acheteur accepte à ces conditions, la vente se trouve conclue. A l'expiration du terme convenu, l'acheteur est tenu de faire son choix et de payer le prix stipulé. S'il meurt dans l'intervalle, son héritier est aussi tenu des mêmes obligations.

CHAPITRE V.

Du droit d'option résultant de la non-inspection de la chose vendue.

Art. 320.— Celui qui achète une chose sans l'avoir vue, a le droit d'option jusqu'au moment où il la voit, et à ce moment il peut, à son choix, confirmer ou résoudre le contrat. C'est ce qu'on appelle *Hiar-i-ruyet*.

Art. 321.— Ce droit ne se transmet pas par succession.

En conséquence, si l'acheteur meurt avant d'avoir vu la chose, son héritier en devient définitivement propriétaire sans pouvoir exercer le droit d'option.

Art. 322.— Le droit d'option n'existe pas en faveur du vendeur qui vend sa chose sans l'avoir vue.

Par exemple, lorsque quelqu'un hérite d'un objet et le vend sans l'avoir vu, il n'a pas le droit d'option pour ce motif.

Art. 323.— L'inspection de la chose consiste à se rendre compte de son état et de ses qualités, au point de vue de l'objet principal de la vente.

Ainsi, lorsque l'acheteur examine le côté apparent d'un tissu uni dont les deux côtés sont pareils, ou bien les fleurs ou les raies d'un tissu orné de fleurs ou rayé, ou le pis d'une brebis destinée à la boucherie; ou, enfin, lorsqu'il goûte les boissons et les aliments qu'il veut acheter, une fois la vente conclue il n'a plus le droit d'option.

Art. 324.— Pour les choses qui se vendent sur échantillon, la vue de l'échantillon suffit.

Art. 325.— Si la chose vendue est inférieure à l'échantillon, l'acheteur peut, à son choix, l'accepter ou la refuser.

Ainsi, lorsqu'on vend, sur échantillon, du blé, de l'huile, ou bien de la toile, du drap et autres produits manufacturés semblables, si la marchandise est inférieure à l'échantillon, l'acheteur a le choix de l'accepter ou de la refuser.

Art. 326.— En cas de vente d'un immeuble tel qu'une maison ou une hôtellerie (Han), il faut que l'acheteur en visite chaque pièce.

Mais lorsque les pièces se ressemblent, il suffit qu'il en ait visitée une.

Art. 327.— Dans la vente en bloc de plusieurs choses différentes, l'examen de chacune d'elles est nécessaire.

Art. 328.— Dans le cas de l'article précédent, l'acheteur qui n'aurait pas vu quelques unes des choses achetées en bloc, a le choix, lorsqu'il voit ces choses et qu'elles ne lui plaisent pas, de confirmer ou de résilier le marché pour le tout.

Mais il n'a pas le droit de n'accepter que celles qui lui plaisent en refusant les autres.

Art. 329.— L'aveugle peut valablement acheter ou vendre; mais s'il achète une chose dont il ignore les qualités, il peut, à son choix, ratifier ou révoquer le contrat.

Ainsi, lorsqu'un aveugle achète une maison dont il ignore la description, il peut, en l'apprenant, maintenir la vente ou s'en désister.

Art. 330. L'aveugle qui achète une chose dont on lui a fait la description avant la conclusion de la vente, n'a plus le droit de résoudre le contrat.

Art. 331.— Le droit d'option entre le maintien ou la révocation de la vente n'existe pas en faveur de l'aveugle qui achète des choses dont on peut se rendre compte par le toucher, l'odorat ou le goût, si, en fait, l'aveugle s'en était rendu compte par l'un de ces moyens.

En d'autres termes, lorsque l'aveugle a palpé ou senti une chose de cette espèce avant de l'acheter, la vente est valable et irrévocable.

Art. 332.— Le droit d'option dont il s'agit au présent chapitre n'existe pas en faveur de celui qui, après avoir vu une chose avec l'intention de l'acheter, en fait plus tard l'acquisition en sachant que la chose est toujours dans le même état. Mais ce droit lui serait acquis si la chose avait subi quelque changement dans l'intervalle.

Art. 333.— L'examen de la chose vendue par le mandataire chargé de l'acheter ou d'en prendre possession, équivaut à l'examen de l'acheteur lui-même.

Art. 334.— L'examen de la chose vendue par la personne que l'acheteur a simplement commise pour aller la prendre et la lui envoyer, ne fait pas déchoir celui-ci de son droit d'opter entre le maintien et la révocation de la vente après avoir vu la chose.

Art. 335.— L'acheteur qui fait acte de propriétaire sur la chose vendue, est déchu de tout droit d'option pour non-inspection de la chose.

<hr/>

CHAPITRE VI.

Des vices redhibitoires. (Conf. C.N. 1641 à 1649.)

Art. 336.— Dans la vente pure et simple, la chose vendue doit être exempte de tout vice.

En d'autres termes, alors même qu'on vend une chose sans mentionner qu'elle doit être exempte de tout vice, ou sans dire si elle est saine ou gâtée, si elle a des défauts ou non, elle doit être exempte de tout vice.

Art. 337.— Lorsqu'en cas de vente pure et simple, l'acheteur découvre dans la chose vendue un vice qui existait déjà au moment de la vente (*aïbi-kadim,*) il a le choix, ou de refuser la chose ou de l'accepter en payant le prix convenu.

Mais il ne pourrait la garder en faisant, à cause du vice, une diminution sur le prix. (*Contrà* C. N. 1644.)

C'est là ce qu'on appelle *Hiari-aïb* (Droit d'option pour cause de vice redhibitoire).

Art. 338.— On appelle *vices* (*aïb*) les défauts qui diminuent la valeur de la chose à dire d'experts.

Art. 339.— On appelle *vice ancien* (*aïbi-kadim*), le défaut qui existait déjà dans la chose au moment où elle se trouvait entre les mains du vendeur.

Art. 340.— Le défaut qui survient à la chose vendue dans l'intervalle qui s'écoule entre la conclusion du contrat et la délivrance de la chose, et alors que celle-ci se trouve encore entre les mains du vendeur, est assimilé au vice ancien et donne également droit à la résolution de la vente.

Art. 341. — Lorsque le vendeur déclare au moment de la vente le vice de la chose vendue et que, néanmoins, l'acheteur l'accepte telle quelle, ce dernier n'a pas le droit d'option à raison de ce vice. (Conf. C. N. 1642.)

Art. 342.— Lorsque le vendeur stipule dans la vente qu'il ne sera obligé à aucune garantie pour défauts de la chose vendue, l'acheteur n'a plus le droit d'option pour vice redhibitoire. (Conf. C. N. 1643 *in fine*.)

Art. 343. — L'acheteur n'est plus recevable à demander la résolution de la vente pour vice redhibitoire lorsqu'il a déclaré accepter la chose avec tous ses vices et défauts, comme, par exemple, lorsqu'il a déclaré se contenter de l'animal vendu, quand même ce dernier serait aveugle, boiteux, malade ou atteint d'un vice quelconque.

Art. 344. — L'acheteur perd son droit d'option pour

vice redhibitoire lorsqu'après avoir découvert ce vice, il agit en propriétaire à l'égard de la chose vendue, comme, par exemple, lorsqu'il la met lui même en vente. En pareil cas, il est censé être satisfait de la chose avec son vice et ne peut plus la rendre au vendeur.

Ast. 345.— Lorsque la chose vendue est atteinte d'un vice après qu'elle a passé entre les mains de l'acheteur (aïbi-hadiss), le vice ancien que celui-ci y découvrirait en même temps ne donnerait pas droit à la restitution de la chose au vendeur, mais à une réduction sur le prix.

Par exemple, l'acheteur d'une pièce d'étoffe qui découvre un défaut antérieur à l'achat, tel qu'un endroit pourri ou usé, ne peut plus la rendre à son vendeur s'il l'a déjà coupée, car, en agissant ainsi, il a ajouté un nouveau défaut à la chose ; mais il peut seulement demander une diminution de prix à raison du vice antérieur.

Art. 346.— La diminution à faire sur le prix se détermine par estimation d'experts.

A cet effet, on établit d'abord la valeur que la chose aurait si elle était exempte de défauts ; ensuite on établit celle qu'elle peut avoir avec le défaut ; puis on détermine le rapport existant entre la différence de ces deux valeurs et celle de la chose à l'état sain : le rapport correspondant sur le prix convenu, constitue la diminution qu'il y a lieu d'effectuer.

Par exemple, l'acheteur ayant coupé une pièce

d'étoffe qu'il a achetée pour 60 piastres, y découvre un défaut antérieur à l'achat. Si les experts estiment que la pièce vaudrait 60 piastres si elle n'avait pas de défaut, et qu'avec son défaut elle en vaut 45, c'est 15 piastres que l'acheteur aura le droit de réclamer à titre de diminution de prix.

Si les experts fixent à 80 piastres la valeur de l'étoffe exempte de défauts et à 60 piastres sa valeur avec le défaut, la différence de 20 piastres entre ces deux sommes étant du quart de 80 piastres, l'acheteur aura, par conséquent, le droit d'imposer à son vendeur une diminution d'un quart sur le prix convenu, soit de 15 piastres.

Enfin, si l'étoffe est estimée à 50 piastres sans défauts et a 40 piastres avec le défaut, la différence étant de 10 piastres, ou d'un cinquième, la diminution à faire sera du cinquième du prix convenu, soit de 12 piastres.

Art. 347.— Si le défaut postérieur à la délivrance de la chose vient à disparaître, le défaut antérieur donne derechef droit à la restitution de la chose.

Ainsi, par exemple, si un vice redhibitoire apparaît sur un animal vendu, au moment où il est atteint d'une maladie postérieurement à la délivrance, l'acheteur ne peut forcer son vendeur à le reprendre, et il n'y a lieu qu'à diminution de prix. Mais après la guérison de l'animal, l'acheteur peut le rendre à cause de son vice antérieur.

Art. 348.— Lorsque le vendeur consent à repren-

7

dre la chose atteinte d'un vice redhibitoire bien qu'elle soit aussi atteinte d'un vice postérieur à la délivrance, si rien ne s'oppose à la restitution l'acheteur ne peut plus exiger une diminution sur le prix et n'a que le choix, ou de rendre la chose, ou de la garder pour la totalité du prix convenu.

L'acheteur perd également tout droit à diminution sur le prix si, après avoir découvert le vice existant au moment de la vente, il revend lui-même la chose.

Par exemple, l'acheteur d'une pièce de toile qui, après l'avoir coupée pour en faire des chemises, s'aperçoit que l'étoffe est pourrie, perd, en la vendant en cet état, son droit à demander une diminution sur le prix. Car en ce cas, le vendeur pourrait à bon droit objecter qu'il aurait consenti à reprendre la toile, même en morceaux, et l'acheteur qui l'a revendue est censé l'avoir définitivement acceptée.

Art. 349. — Tout ce que l'acheteur ajoute de son propre bien à la chose vendue, devient un obstacle à la restitution de celle-ci.

Par exemple, si l'acheteur teint la toile vendue ou la coud, le fil ou la teinture appartenant au vendeur et qui s'adjoignent au tissu, sont des obstacles à sa restitution.

Il en est de même des arbres que l'acheteur plante sur le terrain acheté.

Art. 350. — Lorsqu'il y a obstacle à la restitution, le vendeur, bien qu'il y consente, ne peut reprendre la chose infectée d'un vice redhibitoire mais est obligé de subir une diminution sur le prix. Il y est également obligé, en pareil cas, alors même que l'acheteur vend à son tour la chose après s'être aperçu du vice.

Par exemple, si quelqu'un, s'étant fait confectionner des chemises avec la toile qu'il a achetée, s'aperçoit ensuite que celle-ci est détériorée, le vendeur ne pourrait pas, quand même il y consentirait, demander la restitution de la toile, mais serait obligé de subir une diminution de prix, et cela alors même que l'acheteur aurait revendu les chemises à un tiers. Car, en ce cas, l'acheteur ayant ajouté à la chose vendue le fil qui lui appartient, il en est résulté un obstacle à la restitution par suite duquel le vendeur ne serait plus recevable à dire qu'il aurait repris la toile ainsi coupée et cousue, et l'acheteur, en la revendant, n'est pas réputé l'avoir définitivement acceptée.

Art. 351. — Lorsqu'il a été vendu en bloc plusieurs objets dont une partie est reconnue viciée avant la délivrance, l'acheteur a le choix de les refuser toutes, ou des les accepter toutes sans diminution de prix. Mais il n'a pas le droit de refuser les choses viciées seulement, en gardant les autres.

Si c'est après la délivrance que le vice est découvert, il y a lieu de distinguer entre les choses qui se divisent et celles qui ne se divisent pas sans préjudice. Dans le premier cas, l'acheteur peut seulement rendre les objets viciés en exigeant une diminution proportionnelle sur le prix convenu, mais il ne peut rendre à la fois les choses viciées et celles qui ne le sont pas, à moins que le vendeur n'y consente.

Dans le second cas, l'acheteur a le choix de rendre ou d'accepter le tout au prix convenu.

Ainsi, celui qui, ayant acheté deux bonnets pour 40 piastres, s'aperçoit, avant la délivrance, que l'un d'eux est détérioré, peut les refuser tous les deux.

Mais si le cas se produit après la délivrance, l'acheteur ne peut rendre que le bonnet détérioré en faisant, sur la somme de 40 piastres, une réduction proportionnelle à la valeur de l'objet rendu, considéré comme exempt de défauts.

Par contre, s'il s'agit de l'achat d'une paire de souliers à l'un desquels ou découvre un défaut après la délivrance, l'acheteur a le droit de rendre la paire en se faisant restituer la totalité du prix.

Art. 352.— Dans la vente en bloc de choses de même espèce qui se règlent au poids ou à la mesure, si, après la délivrance, l'acheteur s'aperçoit qu'une partie de la quantité achetée est détériorée, il a le choix de garder ou de rendre le tout.

Art. 353.— Lorsqu'il s'agit de grains, tels que le blé, qui seraient mélangés de terre, la vente en est valable et irrévocable, si la terre n'y est mélangée que dans une proportion tolérée par l'usage. Mais si elle dépasse cette proportion, l'acheteur peut, à son gré, maintenir ou révoquer la vente. (Conf. C. N. 1135, 1160.)

Art. 354.—La vente des œufs, des noix et d'autres

chose semblables, n'est pas viciée si la quantité détériorée ne dépasse pas un taux modéré admis par l'usage, comme, par exemple, trois pour cent. Mais si la partie détériorée s'élève à une quantité importante, par exemple à dix pour cent de la totalité, l'acheteur a le droit de rendre le tout et d'exiger la restitution intégrale du prix. (Conf. C. N. 1135, 1160.)

Art. 355.— Si la chose vendue est détériorée au point d'être complètement impropre à l'usage auquel on la destine, la vente est nulle et l'acheteur a le droit de réclamer au vendeur restitution de la totalité du prix. (C. C. N. 1641 1644.)

Ainsi, l'acheteur d'une quantité d'œufs qui seraient gâtés au point qu'on n'en puisse faire aucun usage, a le droit de se faire restituer le montant intégral du prix qu'il a payé.

CHAPITRE VII.

De la lésion et du dol.

Art. 356.— La lésion excessive (*) sans dol ne donne pas a la partie lésée le droit de faire rescinder la vente. (Conf. C. N. 1313, 1674, 1118). Mais lorsqu'il s'agit de biens de mineurs, la lésion excessive suffit pour vicier le contrat. (C. N. 1305.)

Les biens *Vakouf* et ceux du domaine de l'Etat

(*) Voyez art. 165. (N. du Tr.)

(Béit-ul-mal) sont assimilés, à cet égard, aux biens des mineurs.

Art. 357.— Lorsque le dol de l'une des parties contractantes fait éprouver à l'autre une lésion excessive, la partie lésée a le droit de faire rescinder la vente. (Conf. C. N. 1116.)

Art. 358.— Le droit de rescision pour cause de dol ne passe pas aux héritiers de la partie lésée.

Art. 359.— L'acheteur lésé par le dol du vendeur n'est plus restituable si, après s'être aperçu de la lésion, il a fait acte de propriétaire sur la chose vendue.

Art. 360.— L'acheteur perd également son droit de rescision pour cause de dol du vendeur et de lésion excessive, lorsque la chose vendue périt ou est consommée, ou lorsqu'il y surgit un vice ou y survient un fait nouveau, tel que la construction d'un bâtiment si la chose est un terrain.

TITRE VII.

Des différentes espèces de vente et de leurs effets.

CHAPITRE I.

Des différentes espèces de vente.

Art. 361.— Pour la validité de la vente, il faut que les parties soient capables de contracter, c'est-à-dire saines d'esprit et capables de discernement. En outre, il faut que le contrat puisse produire des effets. (Conf. C. N. 1108.)

Art. 362.— La vente dont l'un des éléments essentiels est entaché d'un vice, est nulle; telle est la vente contractée par un fou. (Conf. C. N. 1123, 1124, 1194.)

Art 363.— Pour que la vente puisse produire des effets, il faut que la chose vendue existe, que la délivrance en soit possible et qu'elle soit dans le commerce *(Mali-Mutékavim.)* (Conf. C. N. 1598.)

En conséquence, est nulle la vente d'une chose non-existante, impossible à livrer ou hors du commerce.

Art. 364.— Lorsque la vente, tout en réunissant

les conditions essentielles à sa validité, est néanmoins contraire à la loi à raison de certaines circonstances accessoires, telles que la non-connaissance de la chose vendue ou un vice relatif au prix, la vente est annulable. (Conf. C. N. 1117. 1129.)

Art. 365.— Pour que la vente ne soit pas subordonnée à la ratification d'un tiers (*Bei-nafiz*) (*) il faut-que le vendeur soit propriétaire de la chose vendue ou qu'il soit le mandataire, le tuteur ou le curateur du propriétaire, et qu'un tiers n'ait pas de droits sur elle.

Art. 366.— Après la tradition, la vente annulable devient *Nafiz*. (*) C'est-à-dire, une fois la tradition faite, l'acheteur peut valablement posséder la chose vendue.

Art. 367.— Lorsque, dans la vente, il existe un des cas qui donnent lieu au droit d'option, le contrat n'est pas irrévocable.

Art. 368.— La vente dans laquelle le droit d'un tiers se trouve engagé, telle que la vente de la chose d'autrui ou celle d'un bien sur lequel il existe un droit de gage, ne devient parfaite que par la ratification du tiers. (1119, 1165.)

(*) Voyez art. 113. (N. du Tr.)

CHAPITRE II.

Des effets des différentes espèces de vente.

Art. 369.— L'effet de la vente parfaite est de transférer la propriété. C'est-à-dire que, par l'effet de la
vente, l'acheteur devient maître de la chose et le
vendeur celui du prix. (Conf. C. N. 1582, 1583.)

Art. 370.— La vente radicalement nulle ne produit
aucun effet, et si l'acheteur prend, avec la permission
du vendeur, possession de la chose vendue, celle-ci
n'est considérée que comme un dépôt entre les mains
du premier, qui n'est conséquemment pas tenu de la
perte de la chose par cas fortuit.

Art. 371.— La vente annulable produit des effets,
une fois la délivrance faite. (Conf. C. N. 1117.)

C'est-à-dire que l'acheteur devient propriétaire de
la chose, lorsqu'il en prend possession avec la permission du vendeur. Par conséquent si elle périt entre ses mains après la délivrance, il doit indemniser le vendeur en lui donnant une chose semblable,
si elle était fongible, ou en lui en remboursant la valeur au jour de la délivrance si la chose n'était pas
fongible.

Art. 372.— Dans la vente annulable, chacune des
parties contractantes a le droit de résoudre le contrat.
(Conf. C. N. 1117, 1118, 1125.)

Mais si la chose périt entre les mains de l'acheteur ; si celui-ci la consomme ou l'aliène par vente valable, par donation ou de toute autre façon ; s'il y a ajouté quelque chose, comme lorsqu'il s'agit d'une maison qu'il a fait réparer ou d'un terrain sur lequel il a fait des plantations ; ou enfin s'il lui a fait subir une transformation complète, comme, par exemple, s'il a fait moudre le blé acheté et l'a converti en farine, dans tous ces cas, le droit de résolution ne peut plus être exercé.

Art. 373.— En cas de résolution d'une vente annulable, l'acheteur qui avait déjà payé le prix stipulé a le droit de retenir la chose jusqu'à la restitution du prix par le vendeur.

Art. 374.—La vente non-subordonnée à la ratification d'un tiers (*Béi nafiz*) produit des effets immédiats.

Art. 375.— Lorsque la vente est irrévocable et non-subordonnée à la ratification d'un tiers (*Nafizi-lazim*) (*) ni l'un ni l'autre des contractants ne peut se départir du contrat.

Art. 376.— Lorsque la vente est révocable *(Béi-ghaïri lazim)* la partie qui a le droit d'option (**) peut résoudre le contrat.

Art. 377.— La vente subordonnée à la ratification d'un tiers *(Béi-mevkouf)* ne produit des effets qu'à partir de la ratification du tiers. (Conf. C. N. 1181.)

Art. 378.— La vente de la chose d'autrui ne de-

(*) Voyez art. 113. (N. du Tr.)
(**) Voyez Titre VI. du présent Livre. (N. du Tr.)

vient valable qu'en cas de ratification par le propriétaire ou par son mandataire, tuteur ou curateur ; autrement elle est nulle. (v. C. N. 1599. (Mais pour la
validité de la ratification, l'existence simultanée du
vendeur, de l'acheteur, de la personne qui ratifie et
de la chose, est nécessaire. A défaut de l'un d'eux,
la ratification ne peut avoir lieu.

Art. 379.— Dans le contrat d'échange, chacun des
objets échangés étant considéré comme chose vendue, est soumis à toutes les dispositions de la loi relatives à celle-ci. (Conf. C. N. 1707.)

Par conséquent, si les parties ne sont pas d'accord
sur la délivrance, elle doivent se livrer simultanément
les objets échangés.

CHAPITRE III.

De la vente au comptant avec un terme pour la délivrance de la chose (Sélem.)

Art. 380.— Cette espèce de vente se conclut également par l'offre et l'acceptation.

Ainsi, lorsque l'acheteur dit au vendeur : «Je vous
paye d'avance 1000 piastres pour 100 *kilés* de blé que
vous vous engagerez à me livrer», et que le vendeur
accepte, le contrat est conclu.

Art. 381.— Ce contrat n'est valable que pour les
choses dont on peut déterminer la quantité et la qualité.

Art. 382.— La quantité des choses qui se règlent au poids et à la mesure de capacité ou de longeur, se détermine en fixant le nombre des unités de mesure ou de poids.

Art. 383.— Celle des choses semblables entre elles et qui se comptent, se détermine aussi bien par leur nombre que par la mesure de capacité ou le poids.

Art. 384.— Pour les choses qui se vendent au compte, toutes les fois qu'il s'agit de tuiles, briques, et autres choses semblables, il faut aussi en déterminer les dimensions et les formes.

Art. 385.— Pour les choses qui s'aunent, lorsqu'il s'agit de tissus, draps et autres semblables, on doit en déterminer la longueur, la largeur, la finesse, la matière dont elles sont faites et leur provenance.

Art. 386.— Pour conclure valablement la vente d'une chose livrable à terme avec paiement au comptant, il faut déterminer à la fois : le genre de la chose vendue, par exemple on doit dire si c'est du blé, du riz ou des dattes ; l'espèce, comme, par exemple, si la production en est due à la pluie ou à l'arrosage artificiel ; la qualité, par exemple, si elle est de qualité supérieure ou inférieure ; la quantité ; le prix, et enfin l'époque et le lieu de la livraison.

Art. 387.— Pour la validité du contrat, il faut aussi que le paiement du prix se fasse dans la réunion même où la vente se conclut. Si les parties contractantes se séparent avant le paiemeut du prix, le contrat est nul.

CHAPITRE IV.

De la commande.

Art. 388.— Lorsqu'on charge un ouvrier d'exécuter un certain travail pour un prix déterminé, et que l'ouvrier accepte, il se conclut une espèce de vente qu'on appelle *commande* (*Istisnen-beï*). C'est ce qui arrive, par exemple, lorsqu'en montrant son pied, on dit à un cordonnier : «Faites-moi une paire de souliers, de telle espèce de cuir, pour tant de piastres» et que celui ci accepte ; ou bien lorsqu'on convient avec un charpentier pour la construction d'une embarcation en spécifiant qu'on la désire de telle longueur et largeur, et avec telles et telles qualités.

Il en est de même lorsqu'on convient avec un fabricant pour la fabrication d'une certaine quantité de fusils à aiguille, dont on détermine le prix, les dimensions et la portée.

Art. 389.— Toutes les choses qui, d'ordinaire, se font sur commande, peuvent valablement faire l'objet de ce contrat.

Mais pour les choses qu'il n'est pas d'usage de commander, s'il y a un terme stipulé le contrat équivaut à une vente avec livraison à terme et paiement au comptant, et, en ce cas, on doit suivre les règles du chapitre précédent.

S'il n'y a pas stipulation de terme, le contrat est une commande.

Art. 390. — En donnant la commande, on doit spécifier la chose de façon à ce qu'elle puisse être confectionnée telle qu'on la désire.

Art. 391. — Il n'est pas nécessaire, dans le contrat de commande, de payer le prix au comptant.

Art. 392. — Une fois le contrat conclu, les parties ne peuvent plus s'en départir.

Toutefois, l'acheteur a la faculté de refuser la chose, si elle n'est pas conforme à la commande.

CHAPITRE V.

De la vente faite par un vendeur atteint de la maladie dont il meurt.

Art. 393. — Si quelqu'un, au cours de la maladie dont il meurt (*), vend quelque chose à un de ses héritiers, la vente est subordonnée à la ratification des autres héritiers et ne produit d'effets que si ces derniers la ratifient ; dans le cas contraire, elle n'en produit aucun.

Art. 394. — Si, dans le cas de l'article précédent,

_____

(*) Voyez art. 1595 du Cod. Civ. Ott. (N. du Tr.)

l'acheteur n'est pas un héritier du vendeur, la vente est valable lorsqu'elle est faite à un prix représentant la valeur courante de la chose vendue. Mais, si le vendeur, dans l'intention de favoriser l'acheteur, lui a cédé la chose à un prix inférieur à sa valeur réelle et est mort après lui en avoir fait délivrance, la vente n'est valable que lorsque la diminution dont l'acheteur a été favorisé ne dépasse pas le tiers de la fortune du défunt. Autrement, l'acheteur est obligé de parfaire la différence, et s'il s'y refuse, les héritiers du vendeur peuvent faire rescinder la vente.

Par exemple, quelqu'un gravement malade et n'ayant pour toute fortune qu'une maison de 1500 piastres, la vend pour 1000 piastres à un tiers autre que son héritier, et meurt après lui en avoir fait délivrance. La différence dont l'acheteur bénéficie en pareil cas n'étant que de 500 piastres et ne dépassant, par conséquent, pas le tiers de la fortune du vendeur, la vente est valable et les héritiers de ce dernier ne pourraient en demander la rescision.

Mais si le vendeur avait cédé la maison pour 500 piastres, la différence entre le prix de faveur et le prix réel étant alors de 1000 piastres, c'est-à-dire des deux tiers de la fortune du vendeur, les héritiers de celui-ci pourraient faire sommation à l'acheteur d'avoir à parfaire le prix jusqu'à concurrence des deux tiers de la fortune du défunt, et si l'acheteur y obéissait en payant la différence, soit 500 piastres, les héritiers ne pourraient plus demander la rescision de la vente;

dans le cas contraire, ils pourraient obtenir restitution de la maison après avoir fait rescinder la vente.

Art. 395.— Lorsque quelqu'un, atteint de la maladie dont il meurt, vend un bien au dessous de son prix
courant et laisse, à sa mort, une succession obérée,
ses créanciers ont le droit de mettre l'acheteur en
demeure de payer un supplément de prix jusqu'à concurrence de la valeur réelle de la chose, et en cas de
refus de sa part, de faire rescinder la vente. (Conf.
C. N. 1167.)

CHAPITRE VI.

De la vente à réméré. (*)

Art. 396.— Dans la vente à réméré, de même que
le vendeur a la faculté de reprendre la chose vendue
moyennant restitution du prix, l'acheteur peut, de son
côté, demander restitution du prix en faisant restitution de la chose vendue. (Conf. C. N. 1659 et 2087.)

Ari. 397. — Ni l'acheteur, ni le vendeur ne peuvent
vendre à un tiers la chose vendue à réméré. (Conf.
C. N. 1664.)

Art. 398.— On peut valablement stipuler, dans
une vente à réméré, que l'acheteur aura la jouissance d'une partie des fruits de la chose vendue.

(*) V. art. 118. (N. du Tr.)

Par exemple, s'agissant d'une vigne, les parties peuvent convenir qu'elles s'en partageront le raisin par moitié.

Art. 399.— Si la valeur de la chose vendue à réméré est égale à la dette du vendeur, celle-ci s'éteint par la perte de la chose entre les mains de l'acheteur.

Art. 400.— Si la valeur de la chose vendue à réméré est inférieure à la dette du vendeur, en cas de perte de la chose entre les mains de l'acheteur, la dette ne s'éteint que jusqu'à concurrence de cette valeur et subsiste pour le surplus

Art. 401.— Lorsqu'une chose vendue à réméré a une valeur supérieure à la dette du vendeur, en cas de perte de la chose entre les mains de l'acheteur, la dette s'éteint et celui-ci est tenu du surplus envers le vendeur si la chose a péri par sa faute; mais il n'en est pas tenu si elle a péri par cas fortuit.

Art. 402. — En cas de mort de l'une ou l'autre des parties contractantes, le droit de résolution se transmet à leurs héritiers respectifs. (Conf. C. N· 1122.)

Art, 403.- Tant que l'acheteur n'a pas reçu le montant de sa créance, les autres créanciers du vendeur ne peuvent exercer aucun droit sur la chose vendue à réméré. (Conf. C. N. 2073.)

COPIE

DÉCRET IMPÉRIAL.

— • ◦◦• —

" Qu'il soit fait en conformité du contenu. "

LIVRE II.

DU CONTRAT DE LOUAGE.

~⌒⌒◯⌒⌒~

DISPOSITIONS PRÉLIMINAIRES.

~~~~~~~~~~

**Termes juridiques concernant le contrat
de louage.**

Art. 404.— Le loyer (*udjret*), c'est le prix de la
jouissance d'une chose. *Idjar* signifie donner à bail,
et *istidjar* prendre à bail.

Art. 405 — En arabe, le mot *idjaré* signifie *loyer*
(*udjret*), mais on l'emploie aussi dans le sens de
louage (*idjar*). Employé comme terme de droit, il
signifie la vente de la jouissance d'une chose déterminée, ou des services d'une personne, contre un
prix également déterminé. (Conf. C. N. 1709-1710.)

Art. 406. — Le louage irrévocable (*idjaré-i-lazimé*)

est le louage valablement conclu et exempt de tout droit d'option provenant de la convention des parties, du vice de la chose louée ou de sa non-inspection. C'est le louage qu'aucune des parties ne peut révoquer sans un motif légitime.

Art. 407. — On appelle *Idjaré-i-munedjdjezé* (louage présent) le louage qui commence à courir de la conclusion du contrat.

Art. 408. — On appelle *idjaré-i-muzafé* (louage futur) le louage qui ne commence à courir qu'à partir d'un terme à venir, comme, par exemple, lorsqu'on loue une maison pour tant de temps et pour tant de piastres, à partir du premier de tel mois à venir.

Art. 409. — Le bailleur (*adjir*) est celui qui donne quelque chose à bail. On l'appelle aussi *moudjir* et *moukiari*.

Art. 410. — Le preneur (*mustedjir*) est celui qui prend à bail.

Art. 411. — *Medjour* se dit de la chose donnée à bail ; on l'appelle aussi *moudjer* et *mustécdjer*.

Art. 412. — *Mustéedjer-un-fih*, c'est la chose que le maître confie à l'ouvrier pour que celui-ci exécute l'ouvrage qu'il s'est engagé à faire. Tel est le drap remis au tailleur qui doit en confectionner un vêtement et la charge confiée au portefaix qui doit la transporter à un certain endroit.

Art. 413. — Celui qui engage ses services s'appelle *edjir*.

Art 414. — *Edjri-Missl*, c'est le prix du louage estimé par experts.

Art. 415. — *Edjri - Mussemma*, c'est le prix du louage fixé par le contrat.

Art. 416.— Par *zéman* (dommages-intérêts), on entend l'acte de remplacer une chose par sa valeur en argent, si ce n'est pas une chose fongible (*kiyemi*) (*), et par une semblable, si la chose est fongible (*misli*) (**).

Art. 417.—*Mouadun-lil-istighlal*, c'est la chose dont la destination est d'être louée, telle qu'une maison de rapport, une auberge, un bain public, une boutique et autres bâtiments semblables. Telles sont aussi les voitures et les chevaux de louage.

Une chose est réputée *mouadun-lil-istighlal* lorsqu'elle a été louée pendant trois années consécutives.

Une chose construite ou fabriquée pour servir à l'usage personnel de son propriétaire, devient *mouadun-lil-istighlal* lorsque celui-ci déclare publiquement la mettre en location.

Art. 418.— On appelle *musterzi* celui qui loue les services d'une nourrice.

Art. 419.— On appelle *Mouhayet* le partage de la jouissance d'une chose, comme, par exemple, celui qui intervient entre deux personnes, co-propriétaires par indivis d'une maison, qui conviennent d'en jouir alternativement pendant une année chacune.

(*) V. art. 146. (N. du Tr.)
(**) V. art. 145. (N. du Tr.)

TITRE I.

Dispositions générales.

Art. 420.— Dans le louage, l'objet principal du contrat c'est la jouissance. (Conf. C. N. 1127-1709-1710.)

Art. 421.— Au point de vue de l'objet du contrat, le louage se divise en deux espèces. (Conf. C.N. 1708.)

1° Le louage qui a pour objet la jouissance des choses (Conf. C. N. 1709) dans lequel la chose louée s'appelle *aïni-medjour* (chose donnée à loyer) ou *aïni-mustéedjer* (chose prise à loyer). Ce genre de louage se subdivise : en louage d'immeubles, tels qu'une maison, un champ etc. ; en louage de marchandises appelées *ourouz* (*), telles que vêtements, vases etc., et enfin en location d'animaux.

2° Le louage d'ouvrage ou celui qui a pour objet le travail des personnes, et dans lequel, à la place de la chose louée, il y a la personne qui engage ses services. Tel est, par exemple, le cas lorsqu'on engage, moyennant salaire, un ouvrier ou un domestique. (Conf. C. N. 1710.)

Cette deuxième catégorie comprend le louage d'art ou d'industrie. Ainsi, lorsqu'on fait faire un habit à un tailleur qui fournit l'étoffe, ce contrat s'appelle

---

(*) Voyez art. 131. (N. du Tr.)

commande ; mais lorsqu'on fournit l'étoffe soi-même, il y a louage d'industrie. (Conf. C. N. 1711, 6ᵉ al.)

Art. 422.— Ceux qui engagent leurs services à d'autres se divisent en deux catégories :

1° Ceux qui louent leurs services exclusivement à une personne (*Edjiri-Hass*) ; tel est le serviteur à gages ;

2° Ceux qui mettent leurs services à la disposition du public, sans les consacrer exclusivement à une seule personne (*édjiri muchtérek*). Ainsi, le portefaix, le crieur public, le tailleur, l'horloger, l'orfèvre, le batelier, le voiturier, le berger communal, appartiennent à cette dernière catégorie, parce que, sans être exclusivement attachés à une seule personne, ils peuvent offrir leurs services à tout le monde. Néanmoins, lorsqu'un individu de cette catégorie convient de travailler, pendant un certain temps, seulement pour celui qui le loue, il est réputé, pendant ce temps, appartenir à la première catégorie.

Il en est ainsi du portefaix, du voiturier, du batelier, lorsqu'ils sont engagés par une seule personne pour aller d'un endroit à un autre. Ils sont considérés comme *Edjiri-Hass* jusqu'à ce qu'ils arrivent à l'endroit convenu.

Art. 423 — On peut engager ses services d'une façon exclusive (comme *edjiri-hass*), soit à une seule personne, soit à plusieurs personnes considérées comme une seule.

Ainsi, lorsque tous les habitants d'un village enga-

gent un berger au service exclusif de la commune,
le berger est, en ce cas, considéré comme un serviteur de la première catégorie de l'article précédent.
Mais si ses maîtres lui permettent de mener paître
aussi des troupeaux appartenant à des tiers, il rentre
alors dans la deuxième catégorie du même article
(*édjiri-muchtérek*).

Art. 424.— Celui qui loue ses services à tout le
monde (*édjiri-muchtérek*) n'acquiert droit au salaire
convenu qu'en exécutant son travail.

Art. 425.— Pour celui qui loue ses services à une
seule personne (*edjiri-hass*), il suffit qu'il soit présent
et prêt à exécuter son travail pendant la durée du
louage. En d'autres termes, pour gagner son salaire,
il n'est pas nécessaire qu'il travaille effectivement.

Toutefois il ne peut se refuser à travailler, et s'il
le fait, il perd son droit au salaire.

Art. 426.— Le preneur a le droit de jouir de la
chose louée en l'employant, soit à l'usage convenu
avec le bailleur, soit à un usage égal ou moins préjudiciable à la chose. (Conf. C. N. 1728 1° 1766.)
Mais il ne peut l'employer à un usage plus préjudiciable que celui qui a été convenu.

Ainsi, par exemple, celui qui a pris à bail une boutique pour y exercer le métier de forgeron, peut y
exercer un métier de même nature ou moins préjudiciable à la boutique.

Pareillement, le locataire d'une maison d'habitation
peut y déposer des effets, au lieu de l'habiter.

Mais celui qui prend à loyer une boutique pour y exercer le commerce des épices, ne peut en faire un atelier de forgeron.

Art. 427.— La clause par laquelle les parties spécifient la personne qui doit user de la chose louée, doit être respectée lorsque celle-ci peut subir quelque modification par le changement de celui qui en use.

Par exemple, lorsqu'un cheval de selle a été loué pour l'usage d'une personne déterminée, on ne pourrait le faire monter par une autre personne.

Art. 428.— Mais pour les choses qui ne peuvent être modifiées par le changement de celui qui en use, la détermination de la personne qui doit s'en servir est de nul effet.

Ainsi, une maison louée pour être habitée par une certaine personne, peut l'être par une autre. (Conf. C. N. 1717.)

Art. 429.— Le co-propriétaire d'une chose commune, qu'elle soit divisible ou non, peut louer sa part indivise à son co-propriétaire, mais il ne peut la louer à un tiers. Néanmoins, si la jouissance de la chose commune a été divisée de façon à ce que chacun des co-propriétaires en jouisse alternativement pour un temps déterminé (mouhayat) (*), l'un d'eux peut, pour le temps de sa jouissance, louer la chose à un tiers.

(*) Voyez art. 419. (N. du Tr.)

Art. 430.— L'indivision qui survient après le louage ne le rend pas annulable.

Par exemple, quelqu'un ayant loué sa maison, s'il survient un tiers qui fasse valoir des droits légitimes à la propriété de la moitié indivise de la même maison, la location subsiste pour l'autre moitié.

Art. 431.— Deux co-propriétaires d'un bien par indivis peuvent, d'un commun accord, le louer à un tiers.

Art. 432.— On peut, par le même contrat, donner une chose à bail à deux personnes à la fois.

Dans ce cas, chacun des preneurs n'est tenu que pour sa part de loyer, à moins qu'ils ne se soient solidairement engagés.

TITRE II.

De la conclusion du louage.

CHAPITRE I.

Des éléments essentiels du contrat de louage.

Art. 433.— Le louage, de même que la vente, se conclut par l'offre et l'acceptation.

Art. 434.— L'offre et l'acceptation se manifestent au moyen de termes, tels que: « Je donne à bail,» « Je prends à bail, » « J'accepte », ordinairement employés pour la conclusion du contrat de louage.

Art. 435. — De même que pour la vente, il faut s'exprimer au passé pour conclure le contrat de louage. Lorsqu'on emploie le futur, le louage ne se conclut pas.

Ainsi, lorsque l'un des contractants dit : « Je vous louerai, » et l'autre répond : « J'ai accepté, » ou bien lorsque l'un dit : « Donnez-moi à bail, » et l'autre répond : « J'ai accepté, » dans les deux cas le louage n'est pas conclu.

Art. 436. — Le louage se conclut aussi bien par un échange de paroles, que par correspondance écrite et par les signes certains du muet.

Art. 437. — Le louage se conclut aussi au moyen d'actes tenant lieu d'offre et d'acceptation. C'est ce qui arrive, par exemple, lorsque quelqu'un monte à bord d'un bateau à vapeur, ou d'une embarcation publique, ou sur un cheval de louage, sans qu'il y ait marché préalable. En ce cas, s'il y a un prix fixé d'avance, le passager ou le locataire est tenu de payer ce prix-là. Si le prix n'est pas fixé, il doit un prix à déterminer par estimation.

Art. 438. — En matière de louage, le silence vaut consentement et acceptation.

Par exemple, une boutique ayant été donnée à bail pour 50 piastres par mois, le bailleur se présente quelques mois après et signifie au locataire qu'à partir du mois prochain, il devra payer un loyer mensuel de 60 piastres ou bien quitter la boutique. Si le locataire déclare refuser, mais continue à rester dans la boutique, il n'aura à payer que 50 piastres, comme par le passé ; mais s'il ne répond rien et continue à occuper la boutique, c'est 60 piastres qu'il devra payer par mois.

De même, en supposant que le maître de la boutique demande 100 piastres par mois et que le locataire n'en offre que 80, si le bailleur se retire et laisse celui-ci occuper la boutique, il n'a droit qu'à un loyer de 80 piastres par mois. Si chacune des parties persiste dans ses dires, et que le locataire reste néanmoins dans la boutique, le loyer se détermine par estimation.

Art. 439.— Les parties peuvent, par une convention postérieure au louage, modifier, augmenter ou diminuer le prix. En pareil cas, cette seconde convention est seule valable.

Art. 440.— Le louage qui ne commence à courir qu'à partir d'un terme convenu (*idjaré-i-muzafé*), est valable et irrévocable avant même l'arrivée du terme ; en conséquence, ni l'une ni l'autre des parties contractantes ne peut résilier le contrat par le seul motif que l'époque de sa mise à exécution n'est pas encore arrivée. (Conf. C. N. 1185.)

Art. 441.— En règle générale, une fois le louage valablement conclu, le bailleur ne peut résilier le contrat sous prétexte qu'un tiers lui offre un prix supérieur, quelque considérable qu'il soit. (Conf. C. N. 1118-1313.)

Néanmoins, le bail consenti par le tuteur d'un mineur ou l'administrateur d'un bien *vakouf* sur le bien du mineur ou du *Vakouf*, est annulable si le prix en est inférieur à celui d'estimation, et le preneur est tenu de parfaire la différence entre ce prix et celui qui a été convenu. (Conf. C. N. 1305.)

Art. 442. — Si le preneur devient propriétaire de la chose louée, par succession, donation ou autrement, le louage prend fin. (Conf. C. N. 1300.)

Art. 443. — Lorsqu'il survient un fait qui empêche l'objet de la location de se réaliser, le contrat est résolu de plein droit. (Conf. C. N. 1722-1724 *in fine*, 1741).

Tel est, par exemple, le cas lorsqu'un cuisinier est engagé pour un repas de noces et que l'un des futurs époux vient à mourir.

Il en est de même lorsque, quelqu'un ayant convenu d'un prix avec un dentiste pour l'extraction d'une dent malade, la douleur vient à disparaitre.

Pareillement, la convention passée avec une nourrice pour allaiter un enfant, n'est pas résolue par la mort du maître, mais la mort de la nourrice ou du nourrisson met fin au contrat. (Conf. C. N. 1795.)

CHAPITRE II.

Des conditions nécessaires pour conclure le louage et pour que ce contrat produise des effets juridiques.

Art. 444. — Pour conclure valablement un contrat de louage, il faut être sain d'esprit et capable de discernement. (Conf. C. N. 1108 2°).

Art. 445.— Dans le louage, de même que dans la vente, l'offre et l'acceptation doivent concorder et être échangées par les parties dans la même conférence. (Conf. C. N. 1108.)

Art. 446.— Le bailleur doit être le propriétaire de la chose louée, ou bien le représentant de celui-ci en qualité de mandataire, de tuteur, ou de curateur.

Art. 447.- Lorsque celui qui détient sans droit la chose d'autrui la donne en location, le louage est subordonné à la ratification du propriétaire ou du tuteur de celui-ci, si c'est un mineur, ou de son curateur si c'est un fou (interdit). Dans ces deux derniers cas, il faut en outre que la chose ait été louée au prix d'estimation.

Mais pour que la ratification soit valable, l'existence sumultanée des quatre choses suivantes est nécessaire, savoir : celle des parties contractantes, de la chose louée, de l'objet du contrat (*) et du prix, s'il s'agit des marchandises appelées *ourouz* (**) ; à défaut de l'une d'elles, la ratification n'est pas valable.

(*) Voyez art. 443 du présent livre. (N. du Tr.)
(**) Voyez art. 131 Liv. I. (N. du Tr,)

CHAPITRE III.

Des conditions nécessaires à la validité du louage.

Art. 448.— Le consentement des parties est une condition essentielle à la validité du contrat de louage (Conf. C. N. 1108. 1°.)

Art. 449.— La chose louée doit être déterminée (Conf. C. N. 1129).

En conséquence, ne serait pas valable le louage par lequel, de deux boutiques, l'une est donnée à bail, si l'on n'indique pas laquelle des deux on entend louer, ou si l'on ne stipule pas qu'on aura le droit de choisir.

Art. 450.— Le prix du louage doit être déterminé (Conf. C. N. 1129-1709.)

Art. 451.— La jouissance qui fait l'objet du louage doit être connue et déterminée de façon à ce qu'elle ne soit pas sujette à contestation. (Conf. C. N. 1129.)

Art. 452.— Lorsqu'il s'agit de contrats tels que le bail d'une maison ou d'une boutique, le loyer d'une nourrice, et d'autres de même nature, l'objet du contrat est suffisamment déterminé par la fixation de la durée du louage.

Art. 453.— Lorsqu'il s'agit du louage d'un animal, l'on doit préciser si l'on s'en servira comme bête de somme ou comme monture ; et dans ce dernier cas, l'on doit spécifier la personne qui le montera, ou bien convenir que le locataire le fera monter par la personne qu'il voudra ; en même temps on doit convenir de la durée de la location ou de la distance à parcourir.

Art. 454.— Dans la location d'un fonds de terre, il faut spécifier, outre la durée du contrat, l'usage qu'on veut faire du fonds. Si on le loue pour le cultiver, on doit spécifier ce qui y sera semé, ou bien dire que le preneur pourra y semer tout ce qu'il voudra.

Art. 455.— Quand il s'agit de louage d'art ou d'industrie, on détermine l'objet du contrat en précisant l'ouvrage à exécuter, c'est-à-dire, en indiquant ce que l'ouvrier devra faire, et de quelle façon.

Ainsi, quand on veut faire teindre un habit, on doit le montrer au teinturier, ou tout au moins lui faire connaître l'épaisseur de l'étoffe, et en même temps lui indiquer la couleur qu'on désire.

Art. 456.— Lorsqu'il s'agit de faire transporter des choses d'un endroit à un autre, on détermine l'objet du contrat en montrant les choses à transporter et en indiquant le lieu de leur destination.

Ainsi, par exemple, lorsqu'on dit à un portefaix : « Vous transporterez cette charge à tel endroit », la charge étant sous les yeux des parties, et la distance à laquelle elle devra être transportée étant indiquée, l'objet du contrat se trouve déterminé.

Art. 457.— La jouissance doit être possible. D'où il suit que le louage d'un animal échappé n'est pas valable.

CHAPITRE IV.

Du louage nul et du louage annulable.

Art. 458. — Le contrat de louage est nul, lorsqu'il manque de l'une des conditions essentielles à sa conclusion. Tel est le louage consenti par un mineur incapable de discernement ou par un fou.

Toutefois le contrat reste valable si le preneur ou le bailleur ne vient à être atteint d'aliénation mentale qu'après la conclusion du louage.

Art. 459. — Lorsque le louage est nul, il n'est dû aucun prix pour l'usage qu'on aurait fait de la chose.

Néanmoins, s'il s'agit d'un bien *vakouf* ou de celui d'un mineur, celui qui a fait usage de la chose est tenu de payer un prix sur estimation.

Le fou est, en ce cas, assimilé au mineur.

Art. 460. — Lorsque le louage réunit les conditions exigées pour sa conclusion, mais manque de l'une de celles qui sont nécessaires à sa validité, il est annulable.

Art. 461. — Le louage annulable produit des effets.

Toutefois, dans un contrat de cette espèce, le bailleur ne peut réclamer le prix stipulé, mais a droit à un prix à fixer par estimation.

Art. 462. — L'annulabilité du contrat de louage provient, tantôt de ce que le prix n'est pas déterminé, tantôt de ce que le contrat manque de quelqu'autre condition nécessaire à sa validité.

Dans le premier cas, celui qui use de la chose, doit un prix déterminé par estimation, quel qu'il puisse être.

Dans le second cas, on détermine aussi le prix par estimation, à condition, toutefois, de ne pas dépasser le prix convenu.

TITRE III.

Du prix.

CHAPITRE I.

De la nature du prix.

Art. 463.— Tout ce qui, dans la vente, est propre à servir de prix, l'est aussi dans le louage. En outre, certaines choses qui ne pourraient être données comme prix dans une vente, pourraient l'être dans un louage.

Ainsi, on peut prendre à bail un jardin potager, en donnant comme prix un animal, ou même une maison pour habiter.

Art. 464.— Si le prix du louage consiste en une somme d'argent, il se détermine, comme pour la vente, en précisant la somme à payer.

9

Art. 465. — Lorsque le prix consiste en marchandises *ourouz* (*) ou bien en choses qui se règlent à la mesure de capacité ou au poids, ou en choses qui se comptent et ne diffèrent pas notablement entre elles, outre leur quantité, il faut aussi spécifier leur qualité.

Dans le cas où le transport de ces choses ne pourrait se faire sans peine ou sans frais, la délivrance s'en fait à l'endroit convenu.

S'il n'y a pas d'endroit convenu pour la délivrance, elle se fait au lieu où se trouve la chose louée, si celle-ci est un immeuble. Dans le louage d'industrie, elle se fait à l'endroit où l'ouvrage a été exécuté. Enfin, lorsqu'il s'agit du transport d'une chose, le prix se paie là où il est exigible (**).

Si, au contraire, le prix consiste en une chose dont le transport ne nécessite ni peine ni frais, le bailleur peut se le faire délivrer partout où il le désire. (Conf. C. N. 1247.)

(*) Voyez art. 131 (Livre I.) (N. du Tr.)
(**) Probablement à l'endroit où la chose a dû être transportée. (N. du Tr.)

CHAPITRE II.

De l'exigibilité du prix du louage et du droit du bailleur sur ce prix.

Art. 466.— Dans le louage pur et simple (*) le prix n'est pas immédiatement exigible ; c'est-à-dire qu'il n'est pas nécessaire que le prix soit payé aussitôt la conclusion du louage.

Art. 467.— Le paiement du prix par anticipation est irrévocable. Par conséquent, lorsque le preneur paie le prix par anticipation, le bailleur en devient valablement propriétaire, et le preneur ne peut plus le répéter. (Conf. C. N. 1186.)

Art. 468.— Lorsque le paiement anticipé a été stipulé, le prix est exigible d'avance.

En d'autres termes, le preneur doit d'abord payer le prix, qu'il s'agisse d'un louage de choses, auquel cas le bailleur a le droit de retenir la chose louée jusqu'à ce qu'il reçoive le prix, ou d'un louage d'ouvrage, auquel cas celui qui loue son ouvrage ou son industrie peut refuser de travailler tant qu'il n'est pas payé.

Dans l'un et l'autre cas, si le bailleur réclame le paiement du prix et que le preneur refuse de le payer,

(*) C'est celui qui ne contient aucune modalité. (N. du Tr.)

la partie qui l'a vainement réclamé peut résilier le contrat. (C. N. 1184-1741.)

Art. 469. — La jouissance que le preneur retire de la chose louée rend le prix exigible.

Par exemple, lorsqu'on a loué un cheval pour se rendre à tel endroit, le propriétaire du cheval acquiert droit sur le prix, une fois que le preneur arrive au but de sa course.

Art. 470. — Dans le louage valable, le prix devient exigible aussitôt que le preneur est mis à même de jouir de la chose louée.

Par exemple, lorsqu'une maison louée par un contrat de louage valable, a été livrée au locataire, celui-ci en doit le loyer quand même il ne l'habiterait pas.

Art. 471. — Lorsque le louage est annulable, il ne suffit pas que le preneur soit mis à même de jouir. Tant qu'il n'y a pas eu jouissance effective, il n'est point dû de prix.

Art. 472. — Celui qui, sans contrat et sans autorisation, se sert de la chose d'autrui, est tenu de payer un prix sur estimation si la chose est de celles qui sont destinées à être louées (*mouadun lil-istighlal*) (*) ; autrement il ne doit aucun prix.

Mais s'il continue à se servir de la chose après que le propriétaire lui aura demandé un prix, il sera tenu de ce prix quand même la chose ne serait pas destinée

(*) Voyez art. 417. (N. du Tr.)

à être louée. Car en ce cas, par l'usage qu'il a fait de celle-ci, il est réputé avoir consenti à un loyer.

Art. 473.— Le mode de paiement du prix, que ce soit par anticipation ou à terme, peut être réglé par les parties, et toute convention à cet égard est valable. (Conf. C. N. 1134.)

Art. 474.— Si les parties ont convenu d'un terme pour le paiement du prix du louage, le bailleur doit commencer par livrer la chose louée, et s'il s'agit d'un louage d'ouvrage, l'ouvrier ou le domestique doit commencer par exécuter son travail. Le prix n'est exigible qu'au terme convenu.

Art. 475.— Lorsque le louage est pur et simple, c'est-à-dire sans aucune condition pour le paiement du prix, qu'il s'agisse d'un louage de choses ou d'un louage d'ouvrage, le bailleur doit d'abord livrer la chose, et l'ouvrier ou le domestique exécuter son travail.

Art. 476.— Lorsque, pour le paiement du prix, il a été fixé des périodes déterminées, comme, par exemple, si le prix a été stipulé payable à tant par mois ou par an, il n'est exigible qu'à l'expiration de ces périodes.

Art. 477. — Le prix ne devient exigible qu'après la délivrance de la chose louée; en d'autres termes il ne commence à courir que du jour de la délivrance. En conséquence, le bailleur ne peut exiger un prix pour l'époque qui s'est écoulée entre la conclusion du contrat et la délivrance.

Et si le terme, pour la durée duquel la location a été convenue, s'écoule tout entier avant la délivrance de la chose, le bailleur perd tout droit sur le prix.

Art. 478.— Lorsque la jouissance de la chose louée devient tout-à-fait impossible. le bailleur perd son droit à recevoir le prix. (Conf. C. N. 1722.)

Par exemple, si un établissement de bains donné à bail nécessite des réparations qui en rendent l'usage impossible pour un certain temps, le bailleur perd tout droit sur une part du prix proportionnelle au temps où l'établissement est resté fermé. (Conf. C. N. 1724.)

De même, en cas de louage d'un moulin a eau, si l'écoulement du cours d'eau qui le faisait mouvoir venait à cesser, il ne serait pas dû de loyer à partir du moment où le moulin aurait cessé de fonctionner. Néanmoins, dans ce dernier cas, si le preneur faisait des bâtiments du moulin quelqu'usage autre que celui d'y moudre du grain, il serait tenu de payer une part du prix correspondant à cet usage.

Art. 479.— Le locataire d'une boutique ne pourrait, après être entré en jouissance, refuser de payer son loyer pour un certain temps, en alléguant que, pendant ce temps, il a manqué de travail ou que la boutique a dû rester ferméepour cause de chômage.

Art. 480.— Lorsqu'une embarcation est louée pour un temps déterminé et que ce temps expire au cours du trajet, le contrat se prolonge jusqu'à ce que l'embarcation accoste au rivage, et le preneur est tenu de payer un supplément de prix à fixer par estimation.

Art. 481.— Lorsque le propriétaire d'une maison la cède à une tierce personne pour y habiter, sans stipuler de loyer, mais à condition que cette personne la fera réparer, le contrat qui intervient, en pareil cas, est un prêt à usage. En conséquence, les frais faits pour la réparation de la maison par celui qui l'a habitée restent à la charge de ce dernier. De son côté, le propriétaire ne peut réclamer de loyer à l'autre partie pour le temps qu'elle a joui de la maison.

CHAPITRE III.

Du droit de rétention de l'ouvrier sur la chose qui fait l'objet du contrat, pour non-paiement du salaire.

Art. 482.— L'ouvrier dont le travail laisse des traces sur la chose sur laquelle il exécute son ouvrage, comme le tailleur, le teinturier et le blanchisseur, a le droit de la retenir jusqu'au paiement du salaire convenu, à moins que la convention n'ait été faite à crédit.

En cas de rétention, si la chose périt entre les mains de l'ouvrier, celui-ci n'encourt aucune responsabilité, mais il perd son droit au salaire. (Conf. C. N. 1780, 1790.)

Art. 483.— L'ouvrier, tel que le portefaix ou le

batelier, dont le travail ne laisse aucune trace sur la chose qui fait la matière du contrat, n'a pas le droit de retenir celle-ci jusqu'au paiement du salaire convenu. S'il la retient, il est tenu de la perte arrivée entre ses mains; et en ce cas, le maître a l'alternative de réclamer la valeur intégrale de la chose avec la plus-value résultant du transport, mais à charge de payer le salaire convenu, ou bien de réclamer simplement la valeur de la chose avant son trasport, auquel cas il ne doit pas de salaire.

TITRE IV.

De la durée du louage.

Art. 484.—Le propriétaire d'un bien peut valablement le donner en location, soit pour un terme court, tel qu'un jour, soit pour un terme long tel qu'une année, pourvu que la durée du louage soit déterminée.

Art. 485.— Le louage commence à courir à partir de l'époque fixée par les parties.

Art. 486.— Lorsque le point de départ du louage n'a pas été fixé par les parties, il commence à courir de la conclusion du contrat.

Art. 487.— On peut valablement donner à bail

un bien-fonds pour un an, soit à tant par mois, soit à tant pour l'année entière sans indiquer le prix mensuel.

Art. 488. — Lorsqu'au commencement du mois, on conclut un louage pour un ou plusieurs mois en convenant d'un prix mensuel, la location est censée faite au mois. Par conséquent, le prix de chaque mois est dû en entier, quand même celui-ci serait de moins de trente jours.

Art. 489. — Le louage conclu, pour un mois, quelques jours après le premier du mois, est réputé conclu pour une durée de trente jours.

Art. 490. — Lorsqu'un louage est conclu, quelques jours après le premier du mois, pour plusieurs mois en nombre déterminé, les jours qui manquent au premier mois, compté à trente jours, se complètent par autant de jours du dernier mois, et on calcule le loyer de celui-ci par jour pour le restant. Les mois intermédiaires se comptent du premier au premier de chaque mois.

Art. 491. — Si le louage est fait, après qu'une partie du mois s'est écoulée, à tant par mois, mais sans déterminer le nombre des mois, tous les mois, le premier comme les suivants, se calculent à raison de trente jours.

Art. 492. — Lorsque le louage se fait au premier du mois pour une année, sa durée est de douze mois.

Art. 493. — Si le contrat est conclu après le commencement du mois pour un an, le premier mois se calcule par jours et les onze autres du premier au premier de chaque mois.

Art. 494.— On peut valablement louer un bien-fonds à raison de tant par mois, sans préciser le nombre des mois. Mais en pareil cas, une fois le premier mois écoulé, le parties peuvent résilier le louage dans les premières vingt-quatre heures du second mois et de chacun des mois subséquents ; une fois ces vingt-quatre heures écoulées, elles ne peuvent plus le faire.

Si c'est dans le courant du mois que l'une des parties déclare résilier le contrat, celui-ci expire à la fin du même mois. Si, dans le courant du mois, elle déclare le résilier à partir du commencement du mois prochain, il prend fin lorsque cette époque arrive.

Néanmoins, si le loyer de deux ou plusieurs mois a été payé par anticipation, aucune des parties ne peut résilier le contrat avant que tous ces mois se soient écoulés.

Art. 495.— L'ouvrier qui se loue à la journée, doit se mettre à l'ouvrage au lever du soleil et travailler jusqu'à l'après-midi ou jusqu'au coucher du soleil, suivant les usages locaux.

Art. 496.— Dans le louage d'ouvrage pour un nombre de jours déterminé, comme, par exemple, lorsqu'on engage un charpentier pour dix journées, on entend les jours qui suivent celui de la conclusion du contrat.

Si le louage est fait pour dix journées d'été, il n'est valable que si l'on a, en même temps, fixé le mois et le jour où le travail devra commencer.

TITRE V.

Du droit d'option en matière de louage.

CHAPITRE I.

Du droit d'option résultant de la convention des parties.

Art. 497.— Dans le louage, de même que dans la vente, le droit d'option peut valablement être stipulé. L'une ou l'autre des parties, ou toutes les deux à la fois, peuvent donc convenir qu'elles auront le choix de résilier ou de confirmer le contrat dans un délai déterminé.

Art. 498.— La partie qui a stipulé à son profit le droit d'option, peut, à tout moment, excercer ce droit tant que dure le délai convenu pour cet objet.

Art. 499.— La résiliation, de même que la ratification du louage, se font, soit expressément soit par actes, conformément aux articles 302, 303 et 304 du présent Code.

Ainsi, lorsque le bailleur qui a un droit d'option, agit en maître sur la chose louée, cet acte équivaut à résolution de sa part.

Lorsque c'est le preneur qui a le droit d'option, il est censé avoir ratifié le contrat, s'il procède à un acte de jouissance sur la chose louée.

Art. 500. — La partie au profit de laquelle un droit d'option a été stipulé, est déchue de son droit, si elle ne l'exerce pas avant l'expiration du délai fixé, et le contrat devient irrévocable. (Conf. C. N. 1176.)

Art. 501. — Le délai pendant lequel le droit d'option peut être exercé court à partir du moment où la convention est conclue.

Art. 502. — Lorsqu'on a stipulé le droit d'option, le louage ne commence à courir que du moment où ce droit se trouve éteint. (Conf. C. N. 1181.)

Art. 503. — Si un fonds de terre, loué comme contenant un nombre de *pics* ou de *deunums* (*) déterminé, est reconnu d'une contenance plus grande ou moindre, le louage n'en est pas moins valable et le prix convenu doit être payé. Toutefois, dans le cas où la contenance serait reconnue moindre, le preneur a le choix ou de résilier ou de maintenir le louage. (Conf. C. N. 1765.)

Art. 504. — Dans le louage d'un fonds de terre à

(*) Le *deunum* est une mesure de superficie contenant 1600 *pics*. (N. du Tr.)

raison de tant par *deunum*, le prix du louage se règle
sur le nombre de *deunums* que contient le fonds.

Art. 505.— Lorsque le louage est conclu pour un
certain prix, sous la condition que l'objet du contrat devra s'accomplir dans un délai déterminé, le
contrat et la condition sont également valables.

Ainsi, en donnant une pièce d'étoffe à un ouvrier,
on peut valablement convenir avec lui qu'il devra
confectionner une chemise dans la journée même du
contrat. De même, on peut convenir avec un chame-
lier du louage d'un chameau, à condition que le
preneur sera transporté jusqu'à la Mecque dans un
nombre de jours déterminé.

Si la condition s'accomplit, le prix convenu est dû
en entier ; autrement il n'est dû qu'un prix à fixer
par estimation, mais qui ne devra en aucun cas dépasser le prix convenu.

Art. 506.— On peut valablement conclure un louage
sous différentes alternatives, tant en ce qui concerne
l'ouvrage que l'ouvrier, la charge à transporter, la
distance, le temps et le lieu, et en fixant un prix différent pour chaque cas.

Dans de pareilles conditions, le preneur doit payer
le prix, suivant que tel ou tel des cas prévus se réa-
lise.

Par exemple, lorsqu'on convient avec un tailleur
pour la confection d'un habit, en fixant un certain prix
s'il fait une couture simple, et un prix différent s'il
fait la piqûre, le tailleur a droit au premier ou au

second salaire suivant qu'il exécute l'un ou l'autre genre de couture.

De même, une boutique étant louée avec la faculté pour le locataire d'y établir ou une mercerie ou un atelier de forgeron, moyennant des prix différents pour l'un ou l'autre cas, le locataire paie l'un ou l'autre des prix convenus, suivant la destination qu'il donne à la boutique.

Pareillement, lorsqu'on loue une bête de somme pour tant de piastres si la charge est du blé, et pour tant de piastres si c'est du fer, le locataire, en chargeant l'animal de l'une ou de l'autre de ces charges, paie le prix stipulé en conséquence.

De même, en supposant qu'un muletier donne à loyer sa bête pour 100 piastres jusqu'à Tchorlou, pour 200 piastres jusqu'à Andrinople et pour 300 piastres jusqu'à Philippopoli; le preneur qui accepte, paie l'un de ces trois prix, selon qu'il se rend à l'une de ces trois villes.

Ou bien, si un propriétaire dit: « Je donne à bail cette maison pour 100 piastres et cette autre pour 200 piastres, » le locataire, en acceptant l'offre, paie le prix fixé par le bailleur pour celle des deux maisons qu'il aura habitée.

Enfin, on peut valablement convenir avec un tailleur de la confection d'un habit, en s'obligeant à payer 50 piastres si l'habit est prêt le jour même, et trente piastres s'il n'est prêt que le lendemain.

CHAPITRE II.

Du droit d'option pour défaut d'inspection de la chose louée.

Art. 507.— Le droit d'option pour défaut d'inspection de la chose louée appartient au preneur.

Art. 508. Lorsqu'on a examiné l'objet loué, on est réputé s'être rendu compte de la jouissance qu'on peut en tirer.

Art. 509.— Celui qui a pris à bail un bien-fonds sans l'avoir visité, a la faculté de résilier le louage en voyant le fonds.

Art. 510.— Celui qui prend à bail une maison qu'il avait visitée quelque temps avant la conclusion du louage, ne peut se fonder sur le défaut d'inspection de la maison pour résilier à son gré le contrat. A moins que, dans l'intervalle, la maison n'ait subi quelque dégradation partielle qui en ait rendu l'habitation nuisible.

Art. 511.— Dans le louage d'ouvrage, toutes les fois que le travail peut différer suivant l'objet sur lequel il s'exerce, l'ouvrier a le choix, en le voyant, de résoudre ou de maintenir le contrat.

Par exemple, s'agissant de la confection d'un habit, le tailleur qui s'y est engagé a le choix, en voyant l'étoffe, de révoquer ou de maintenir le contrat.

Art. 512.— Mais le même droit n'est pas accordé

à l'ouvrier si l'ouvrage n'est pas de ceux qui changent suivant l'objet sur lequel il s'exécutent.

Par exemple, l'ouvrier qui s'engage à égrener tant d'oques de coton pour tant de piastres, n'a pas la faculté de résoudre le louage, quand même il n'aurait pas vu le coton au moment du contrat.

CHAPITRE III.

Du droit d'option résultant du vice de la chose louée.

Art. 513.— Dans le louage, comme dans la vente, le vice de la chose qui fait la matière du contrat, donne lieu au droit d'option. (Conf. C. N. 1721.)

Art. 514.— Les vices donnant la faculté de résilier le contrat sont ceux qui rendent la chose louée complètement impropre à l'usage auquel on la destine, ou bien qui en troublent en quelque façon la jouissance.

Ainsi, lorsque la maison louée s'écroule ou le cours d'eau qui faisait mouvoir un moulin loué se tarit, la jouissance du preneur est rendue complètement impossible. Lorsque le toit de la maison louée s'effondre ou quelqu'autre partie s'en écroule de façon à en rendre l'habitation préjudiciable, la jouissance est troublée. Il en est de même lorsqu'il y a des plaies

sur le dos d'un cheval loué. Ce sont là, par conséquent, autant de cas donnant au preneur le droit de
résoudre le louage. Mais lorsque c'est seulement le
crépissage des murs de la maison qui tombe, de façon à ce que ni la pluie ni le vent ne puissent y pénétrer, ou lorsque le cheval a la queue ou la crinière
coupée, ou bien lorsqu'il y a tout autre vice semblable qui ne soit pas de nature à troubler la jouissance
du preneur, celui-ci ne peut pour cela résoudre le
louage.

Art. 515.— Le vice survenu à la chose louée avant
que le preneur en ait retiré toute la jouissance, est
considéré comme s'il existait au moment de la conclusion du contrat.

Art. 516.— Lorsqu'un vice survient à la chose
louée postérieurement au contrat, le preneur a le
choix, ou de continuer sa jouissance avec le vice,
et en ce cas il doit payer la totalité du prix convenu,
ou de résilier le contrat.

Art. 517.— Le preneur perd son droit de résolution à raison d'un vice survenu à la chose louée après
le contrat, si, avant qu'il n'ait exercé son droit, le bailleur fait disparaître le vice.

D'autre part, le bailleur ne pourrait empêcher le
preneur de continuer à jouir de la chose pour le temps
qui reste à courir jusqu'à l'expiration du louage.

Art. 518. — Si avant la disparition du vice qui
trouble le preneur dans sa jouissance, celui-ci veut
exercer son droit de résolution, il doit le faire en

10

présence du bailleur (*). La résolution faite en l'absence de celui-ci, c'est-à-dire sans lui donner avis, est sans valeur et le loyer continue à être dû.

Néanmoins, si la chose devient complètement impropre à la jouissance qu'on a en vue dans le contrat, le preneur peut résoudre le louage même hors de la présence du bailleur.

D'ailleurs, en ce dernier cas, que le preneur résilie ou ne résilie pas le louage, il n'est plus dû de loyer, par application de l'article 478.

Ainsi, par exemple, l'écroulement partiel de la maison louée, troublant le preneur dans sa jouissance, donne à celui-ci le droit de résoudre le louage. Toutefois, le locataire doit exercer son droit en présence (c'est-à-dire au su) du bailleur. En conséquence, s'il quitte la maison sans avoir prévenu celui-ci, il est tenu du prix convenu comme s'il continuait à habiter la maison.

Mais si celle-ci s'écroule entièrement, le locataire, pour résoudre le contrat, n'est pas obligé de prévenir le bailleur, et de toutes façons il n'est point tenu au paiement du loyer.

Art. 519. — Si dans une maison louée, le mur d'une des pièces s'écroule et que néanmoins le locataire, sans résoudre le louage, continue à habiter le reste de la maison, le prix intégral de la location sera dû.

Art. 520. — Celui qui, pour un seul prix, a pris

(*) C'est-à-dire à sa connaissance. (N. du Tr.)

à bail deux maisons à la fois, peut résoudre le contrat pour les deux maisons en cas de perte de l'une d'elles.

Art. 521. — Lorsqu'une maison a été louée comme contenant un nombre déterminé de pièces, tandis qu'en réalité elle n'en contient qu'un nombre moindre, le locataire a le choix de résoudre le louage, ou bien de garder la maison en payant le prix convenu ; mais il ne pourrait demander une diminution sur le prix. (Conf. C. N. 1765.)

TITRE VI.

De la chose louée.

CHAPITRE I.

Du louage des biens-fonds.

Art. 522. — On peut valablement conclure le bail d'une maison ou d'une boutique, sans spécifier la personne qui devra y habiter.

Art. 523. — Le bail d'une maison ou d'une boutique peut valablement se conclure, même pendant qu'elle est occupée par les effets ou les marchandises du bailleur. Mais aussitôt le louage conclu, le bailleur est tenu d'évacuer la maison ou la boutique et de la livrer au preneur.

Art. 524. — Le louage d'un fonds est annulable lorsqu'on ne spécifie pas ce que le preneur pourra y semer, ou que l'on n'a pas stipulé qu'il aura le droit d'y semer tout ce qu'il voudra.

Néanmoins si, avant la résolution du contrat, le preneur spécifie ce qu'il sèmera et que le bailleur y consente, le vice du contrat disparaît, et le louage devient valable.

Art. 525. — Celui qui a pris à bail un fonds de terre en stipulant qu'il pourra y semer tout ce qu'il voudra, peut, dans l'espace d'une année, y faire, à différentes reprises, des semailles d'été et des semailles d'hiver.

Art. 526. — Si le bail expire avant la récolte, le preneur peut continuer à occuper le fonds jusqu'à la récolte, en payant, toutefois, un supplément de prix sur estimation. (Conf. C. N. 1774).

Art. 527. — On peut valablement louer une maison ou une boutique sans spécifier l'usage auquel on la destine. En ce cas, on doit se conformer à l'usage local pour la destination à donner à la chose louée.

Art. 528. — Celui qui a pris une maison à bail sans spécifier l'usage auquel il la destine, peut y habiter lui-même ou y faire habiter un tiers (Conf. C. N. 1717) ou y déposer des effets. Il peut aussi s'y livrer à une occupation qui ne puisse pas endommager le bâtiment; mais il ne peut s'y livrer à une oc-

cupation pouvant l'endommager, sans avoir préalablement obtenu l'assentiment du propriétaire. (Conf.
C. N. 1728 N° 1, 1729.)

En ce qui regarde le droit d'y garder des animaux, on suit l'usage local.

Ces règles sont également applicables aux boutiques.

Art. 529. — Le bailleur est tenu d'entretenir la
chose louée en un état qui permette au preneur d'en
retirer la jouissance formant l'objet du contrat. (Conf.
C. N. 1719 N° 2, 1720.)

Ainsi, c'est au propriétaire du moulin loué à en
nettoyer la rigole. De même, le bailleur d'une maison est obligé de faire réparer les conduits d'eau et
les égouts, de faire disparaître tout ce qui est nuisible à la jouissance de la chose louée, et en général
de faire faire tous les travaux nécessaires à l'entretien
du bâtiment en bon état.

Le locataire peut quitter la maison si le bailleur
refuse de satisfaire à ces obligations (C. N. 1741);
à moins qu'au moment de la conclusion du contrat,
la maison louée ne fût en mauvais état et que le
preneur ne l'ait vue ainsi, auquel cas celui-ci, étant
réputé l'avoir acceptée avec ses défauts, ne peut plus
prétexter de cet état pour la quitter.

Si le locataire fait faire ces réparations à ses propres frais, il est réputé en avoir fait donation au propriétaire et ne peut les lui répéter.

Art. 530.— Lorsqu'avec l'autorisation du bailleur,
le preneur fait faire dans la maison louée des tra-

vaux destinés à l'améliorer ou à l'empêcher de se délabrer, comme par exemple, s'il en fait arranger les tuiles, il peut se faire rembourser ses frais par le bailleur, quand même il n'y aurait eu aucune stipulation à cet égard. Mais si ces travaux ne profitent exclusivement qu'au preneur, comme, par exemple, la réparation du four de la maison, le locataire ne peut réclamer au bailleur le remboursement des frais qu'il a faits, à moins qu'il n'y ait eu convention expresse à ce sujet.

Art. 531.— Si le locataire d'un terrain y élève des bâtiments ou y fait des plantations d'arbres, le propriétaire a le choix, à l'expiration du bail, ou de faire enlever les constructions et déraciner les arbres, ou de garder le tout en en payant la valeur, quelle qu'elle soit. (Conf. C. N. 555)

Art. 532 — L'enlèvement de la poussière et des immondices qui se seraient accumulées dans le bien loué durant le bail, est à la charge du locataire.

Art. 533.— Le bailleur qui, voyant le locataire endommager l'immeuble loué, est impuissant à l'en empêcher, peut recourir au juge pour demander la résiliation du bail. (Conf. C. N. 1728-N° 1. 1741.)

CHAPITRE II.

Du louage des marchandises *Ourouz* (*).

Art. 534.— On peut valablement louer, pour un temps et à un prix déterminés, des choses mobilières, telles que des habits, des armes et des tentes. (Conf. C. N. 1713.)

Art. 535.— Celui qui a loué un habit pour se rendre à un endroit déterminé, doit le prix du louage alors même qu'il ne se rend pas à cet endroit, ou qu'il porte cet habit chez lui, ou bien encore qu'il ne le porte pas du tout·

Art. 536.— Celui qui a loué un habit pour le porter lui-même, ne peut le faire porter par une autre personne.

Art. 537.— Les règles relatives aux objets d'habillement, sont applicables aux bijoux·

CHAPITRE III.

Du louage des animaux.

Art. 538.— Le louage d'un animal déterminé est valable aussi bien que la convention par laquelle un

---

(*) Voyez art. 131 (Livre I.) (N. du Tr.)

conducteur d'animaux s'engage à transporter un voya-
geur à un endroit donné. (*)

Art. 539.— Lorsque l'animal qui a été loué pour
aller à un endroit déterminé, perd ses forces en
route au point de ne pouvoir achever son trajet, le
preneur a le choix d'attendre que l'animal reprenne
ses forces ou de résoudre le louage, et dans ce dernier cas, il doit payer la partie du prix convenu, correspondant au chemin parcouru.

Art. 540.— Lorsqu'on a convenu avec un conducteur d'animaux pour le transport d'une charge déterminée jusqu'à un endroit fixé, si l'animal sur lequel la charge a été placée perd ses forces et s'arrête
en route, le conducteur est dans l'obligation de faire
transporter la charge jusqu'à sa destination par un
autre animal.

Art. 541.—On ne peut valablement louer un animal non-individuellement déterminé. (**)

Néanmoins, si, après le contrat, on détermine l'animal et que le preneur l'accepte, le louage devient
valable.

Toutefois, on peut aussi, lorsque l'usage y autorise,
conclure le louage d'un animal déterminé quant à
l'espèce seulement, auquel cas on suit l'usage pour
la détermination de l'individu.

Ainsi, on peut, suivant l'usage local, convenir avec

(*) Voyez art. 541 du présent Livre. (N. du Tr.)
(**) Voyez art. 538 du présent Livre. (N. du Tr.)

un loueur qu'il fournira un cheval pour aller à tel endroit. En pareil cas, le loueur se trouve obligé de conduire le preneur à cet endroit en lui fournissant un cheval dont le choix est réglé par l'usage.

Art. 542.— Dans le louage d'animaux, le lieu de destination n'est pas suffisamment déterminé par la désignation de la province ou du district, à moins qu'il ne soit d'usage de désigner, par le même nom, à la fois une province et une ville.

Par exemple, ne serait pas valable le louage d'un animal que quelqu'un voudrait prendre pour se rendre en Bosnie ou en Arabie, s'il ne désigne pas en même temps la ville, le bourg ou le village où il veut se rendre. Mais la location d'un animal pour aller à *Scham*, serait valable, parcequ'en même temps qu'une province (la Syrie), ce nom désigne la ville de Damas.

Art. 543.— Lorsqu'on prend un animal pour se rendre à un endroit dont le nom désigne deux villes différentes, on paye un prix fixé par estimation suivant qu'on s'est rendu à l'une ou l'autre des deux villes.

Par exemple, si on a loué un animal pour se rendre de Constantinople à *Tchekmedjé*, sans spécifier s'il s'agit de *Kutchuk-Tchekmedjé* ou de *Buyuk-Tchekmedjé* (Petit ou Grand-Tchekmedjé), suivant que le preneur est allé à l'une ou l'autre de ces deux localités, le prix est fixé par estimation, en proportion de la distance parcourue.

Art. 544.— Celui qui a loué un animal pour se rendre à une certaine ville, a le droit de se faire conduire, dans cette ville, jusqu'à sa maison.

Art. 545 — Le preneur qui a loué un animal pour se rendre à un endroit déterminé ne peut dépasser cet endroit sans l'autorisation du loueur. Autrement, tant qu'il n'a pas rendu au bailleur l'animal sain et sauf, il en court tous les risques, et est tenu d'en rembourser la valeur en cas de perte, soit à l'aller soit au retour. (Conf. C. N. arg. art. 1138, 1245, 1302.)

Art. 546.— Celui qui a loué un animal pour se rendre à un endroit déterminé ne peut se rendre à un endroit différent avec l'animal loué, sous peine d'en rembourser la valeur en cas de perte.

Par exemple, si le preneur va à Islimié avec l'animal qu'il a loué pour se rendre à Rodosto, et que celui-ci vienne à périr, la perte en est à la charge du preneur.

Art. 547.— Si plusieurs routes mènent à un certain endroit, celui qui a loué un animal pour s'y rendre peut choisir celle qui lui plaît, pourvu qu'elle soit fréquentée.

Mais dans le cas où le propriétaire de l'animal aurait désigné le chemin à suivre, le preneur qui suivrait un chemin plus difficile ou plus long, serait tenu de la perte de l'animal survenue pendant le trajet.

Si toutefois le chemin qu'il a suivi était égal à celui qui lui avait été désigné ou plus commode, il n'encourrait aucune responsabilité.

Art. 548.— Lorsqu'un animal a été loué pour un temps déterminé, le preneur ne peut s'en servir plus longtemps que le terme stipulé, sous peine d'en rembourser la valeur en cas de perte survenue entre ses mains. (Conf. C. N. arg. art. 1138, 1245, 1302.)

Art. 549.— On peut valablement conclure le louage d'un animal, soit en spécifiant la personne à qui il servira de monture, soit en convenant que le preneur pourra le faire monter par la personne qu'il voudra.

Art. 550.— On ne peut se servir comme bête de somme d'un animal loué pour servir de monture, sous peine d'indemniser le propriétaire en cas de perte de l'animal.

Mais en ce dernier cas, le preneur n'est pas tenu de payer le prix du louage. (Voyez article 86.)

Art. 551.— L'animal loué pour servir de monture à une personne déterminée, ne peut être monté par un tiers, sous peine de dommages intérêts en cas de perte de l'animal.

Art. 552.— Celui qui a loué un animal pour le faire monter par telle personne qu'il voudra, peut le monter lui-même ou le faire monter par un autre. Néanmoins, une fois l'animal monté par quelqu'un, que ce soit par le preneur lui-même ou par un tiers, la personne qui doit en faire usage se trouvant ainsi déterminée par le fait, le preneur ne pourrait plus le faire monter par personne autre.

Art. 553. — Le louage d'un animal devant servir de monture est annulable lorsqu'on n'y a pas déterminé la personne qui devra monter l'animal, ou qu'on n'a pas stipulé que le preneur pourra le faire monter par quiconque il voudra.

Mais si avant la résolution du contrat, la personne est spécifiée, le louage devient valable et, dans ce cas, l'animal ne peut être monté que par la personne ainsi désignée.

Art. 554. — Dans le louage d'une bête de somme, on se conforme à l'usage en ce qui concerne le bât, les cordes et les sacs nécessaires pour charger l'animal. (Conf. C. N. 1135.)

Art. 555. — Lorsqu'on loue une bête de somme sans déterminer la charge qu'elle devra porter, soit en la montrant soit en en fixant la mesure au contrat, l'usage local sert de règle. (Conf. C. N. 1135.)

Art. 556. — Le preneur ne peut frapper l'animal loué sans la permission du propriétaire, sous peine de lui rembourser la valeur de l'animal si celui-ci périt par suite des coups.

Art. 557. — Alors même que le preneur a été autorisé par le propriétaire à battre l'animal loué, il ne peut porter ses coups que sur la partie sur laquelle les animaux sont habituellement battus.

Si le preneur agit autrement, comme par exemple si, au lieu de frapper l'animal sur la croupe, il le frappe à la tête, il devient responsable de la perte de l'animal, survenue pour ce motif.

Art. 558.— On peut se servir comme monture de l'animal loué comme bête de somme.

Art. 559. — Lorsque dans le louage d'une bête de somme, l'on a déterminé l'espèce de la charge et son poids, le preneur peut placer sur l'animal une charge d'une autre espèce, égale ou moins pénible, mais non pas une charge plus pénible pour l'animal que la charge convenue.

Par exemple, celui qui a loué une bête de somme pour la charger de cinq *kilés* de blé, peut la charger de cinq *kilés* de son propre blé ou du blé d'un tiers.

Il peut également la charger de 5 *kilés* d'avoine.

Mais l'animal loué pour recevoir une charge de cinq *kilés* d'avoine ne pourrait être chargé de cinq *kilés* de blé. De même, s'il a été convenu que la charge consisterait en cent oques de coton, l'on ne pourrait pas charger l'animal de cent oques de fer.

Art. 560.— Le déchargement de la bête de somme est à la charge du bailleur.

Art. 561.— L'entretien de l'animal loué est également à la charge du bailleur.

Par exemple, le propriétaire du cheval loué est tenu de le nourrir et de l'abreuver.

Toutefois, si le preneur pourvoit à l'entretien de l'animal sans la permission du propriétaire, il est censé avoir fait une libéralité à ce dernier, et ne peut, par conséquent, lui rien réclamer de ce chef.

CHAPITRE IV.

Du louage des personnes.

Art. 562. — On peut louer les services ou l'indus-trie d'un homme pour un temps ou pour un travail déterminés, conformément aux dispositions du Cha-pitre III du Titre II du présent Livre. (Conf. C. N. 1780).

Art. 563. — Celui qui se met au service de quel-qu'un sur la demande de celui-ci, sans convenir d'un salaire, a droit à un salaire à fixer par estimation si, par état, il rend des services salariés; dans le cas contraire, il n'a droit à aucune rétribution.

Art. 564. — Si quelqu'un dit à un autre : « Faites-moi tel ouvrage et je vous en récompenserai, » sans fixer autrement le salaire, le second, en exécutant l'ouvrage, acquiert droit à un salaire à fixer par esti-mation.

Art. 565. — Lorsque quelqu'un emploie un ouvrier sans convenir avec lui d'un prix, l'ouvrier a droit à son salaire habituel, si celui-ci est connu ; autrement son salaire est fixé par estimation.

La même règle est applicable aux membres de toute corporation assimilables aux ouvriers.

Art. 566. — Lorsqu'on a convenu avec l'ouvrier de lui donner, pour son salaire, des choses *Kyémi* sans les spécifier, on est tenu de lui payer un salaire à fixer par estimation.

Par exemple, lorsque quelqu'un engage un ouvrier

pour tant de journées, en lui promettant de lui donner une paire de bœufs, il n'est pas tenu de donner des bœufs, mais un salaire sur estimation. Néanmoins, d'après l'usage, on peut louer les services d'une nourrice, sous la condition de lui faire faire des vêtements ; en ce cas, si la qualité des vêtements n'a pas été spécifiée, le maître est tenu de lui en fournir de qualité moyenne. (Conf. C. N. 1246.)

Art. 567.— Ce que le maître donne à son domestique à titre de gratification ne peut être imputé sur les gages de celui-ci.

Art. 568.— Dans la convention passée avec un maître pour l'apprentissage d'une science où d'un art, s'il y a une époque déterminée, le contrat se trouve basé sur le temps de sa durée. En conséquence, pour que le maître gagne le prix convenu, il suffit que, pendant le temps fixé, il se tienne prêt à donner ses leçons, que l'élève les reçoive ou non.

Si la durée du contrat n'est pas fixée, le louage est annulable et le maître ne gagne ses honoraires qu'autant que l'élève reçoit ses leçons.

Art. 569.— Dans le contrat d'apprentissage où aucune des parties n'a stipulé un prix, comme par exemple, lorsque quelqu'un place son fils chez un artisan pour y apprendre un métier : une fois l'apprentissage fini, c'est l'usage qui règle à qui il incombe, du père où du maître, de payer un salaire.

Art. 570.— L'instituteur, l'*imam* et le *muezzin* attachés au service de la population d'un village, se font payer de celle-ci leur salaire en accomplissant leur tâche.

Art. 571.— Celui qui a loué ses services pour travailler en personne, ne peut faire faire son travail par un tiers.

Par exemple, lorsqu'un tailleur s'engage, pour tant de piastres, à confectionner un habit de ses propres mains, il ne peut le faire confectionner par un autre. S'il le donne néanmoins à coudre à un tiers, il est responsable en cas de perte de l'étoffe. (Conf. C.N.1110.)

Art. 572.— Lorsque le contrat de louage est pur et simple (sans terme ni condition), l'ouvrier peut faire faire son ouvrage par un tiers.

Art. 573.— Lorsqu'on dit simplement à un ouvrier: « Exécutez-moi tel travail » il se conclut un louage pur et simple (exempt de tout terme ou condition.)

En conséquence, si, par exemple, on est convenu avec un tailleur pour la confection d'un habit à tel prix, mais sans spécifier que le tailleur devra le coudre lui-même, celui-ci a droit au salaire stipulé, alors même qu'il fait faire le travail par ses ouvriers ou par un autre tailleur; et en pareil cas, il n'est pas responsable de la perte de l'habit survenue sans qu'il y ait de sa faute.

Art. 574.— Dans le louage d'ouvrage, les obligations accessoires, relatives à l'exécution du travail, sont réglées par l'usage local, à moins qu'elles n'aient été mises, par convention expresse, à la charge de l'ouvrier. (Conf. C. N. 1135, 1160.)

Ainsi d'après l'usage le tailleur doit fournir le fil nécessaire à la couture.

Art. 575. — Le portefaix est obligé de porter sa charge jusqu'à l'intérieur de la maison, mais non pas de la placer à l'endroit qu'elle y doit occuper. Par exemple il n'est pas obligé de la monter jusqu'au deuxième étage, ou, s'il s'agit de blé, de le verser dans le grenier.

Art. 576. — Celui qui a engagé une personne à son service, n'est pas obligé de la nourrir, à moins que le contraire ne soit d'usage.

Art. 577. — Le courtier qui s'est occupé de vendre une chose sans y réussir, ne peut réclamer un courtage au maître, si celui-ci la vend par la suite. Et dans le cas où un second courtier parvient à la vendre, c'est ce dernier qui a droit à la totalité du courtage sans que le premier puisse rien réclamer.

Art. 578. — Si le courtier qu'on a chargé de vendre une chose à un prix fixé d'avance, parvient à la vendre à un prix supérieur, le surplus revient au maître de la chose. Le courtier n'a, en tous cas, droit qu'à son courtage.

Art. 579. — Le courtier qui, après la conclusion de la vente par son entremise, a touché son courtage, ne pourrait être contraint à le restituer au cas où l'acheteur serait plus tard évincé ou que la vente serait résolue pour cause de vice rédhibitoire.

Art. 580. — Lorsque des ouvriers ont été engagés à un prix déterminé pour faire la moisson d'un champ,

11

et qu'avant qu'ils aient terminé leur tâche, la récolte non encore moissonnée périt par la grêle ou par tout autre cas fortuit, les ouvriers n'ont droit qu'à une part du prix convenu, en proportion de la besogne qu'ils ont faite.

Art. 581. — Une nourrice qui s'est engagée au service de quelqu'un peut résoudre le contrat si elle tombe malade. De son côté, le maître peut résoudre le louage lorsque la nourrice tombe malade ou reste enceinte, ou que le nourrisson refuse de prendre le sein ou rend le lait qu'il tète.

TITRE VII.

Des droits et devoirs respectifs du bailleur et du preneur après la conclusion du louage.

CHAPITRE I.

De la délivrance de la chose louée.

Art. 582. — La délivrance de la chose louée s'opère par la simple permission donnée au preneur par le bailleur de jouir de la chose, à condition qu'aucun obstacle ne s'y oppose.

Art. 583. — Lorsque le louage d'une chose est valablement conclu pour un temps ou une distance déterminés, la chose doit être livrée au preneur pour
rester entre ses mains, d'une façon exclusive et continue, pendant tout le temps ou toute la distance convenue.

Par exemple, lorsque quelqu'un a loué une voiture
pour un temps déterminé ou pour se rendre à un certain endroit, il peut se servir de la voiture pendant le
temps stipulé ou jusqu'à ce qu'il arrive à l'endroit
convenu, sans que le maître puisse la reprendre et
l'employer à son propre usage dans l'intervalle.

Art. 584. — Si dans le bien-fonds donné à bail, il
y a des effets appartenant au bailleur, le loyer ne
court qu'à partir du moment où celui-ci, après avoir
vidé l'immeuble, le livre au preneur ; à moins que les
effets n'aient été en même temps vendus au locataire.

Art. 585. — Le bailleur d'une maison, qui, lors de
la délivrance, se réserve l'usage d'une chambre dans
laquelle il a placé des effets lui appartenant, déchoit
de son droit au loyer pour la part qui correspond
à cette chambre. Quant au reste de la maison, le
preneur a le choix de maintenir ou de résilier le
louage. (Conf. C. N. 1184.)

Mais si, avant la résolution du contrat, le bailleur
vide la pièce et complète la délivrance, le louage devient irrévocable et le locataire perd son droit de résolution.

CHAPITRE II.

Des droits respectifs des contractants sur la chose louée, après la conclusion du louage.

Art. 586. — Le locataire d'un immeuble peut, avant d'en avoir reçu délivrance, le sous-louer à un tiers. La même faculté n'existe pas en faveur du locataire d'un meuble.

Art. 587. — Lorsque l'usage et la jouissance de la chose louée ne sont pas susceptibles de varier d'une personne à l'autre, le preneur peut sous-louer la chose à un tiers. (Conf. C. N. 1717.)

Art. 588. — Celui qui a pris à bail une chose par un contrat annulable peut, après en avoir reçu délivrance, la sous-louer à un tiers par un contrat valable.

Art. 589. — Celui qui, en vertu d'un contrat irrévocable, a donné sa chose à bail pour un temps déterminé, ne peut valablement louer la même chose à un tiers pour le même temps.

Art. 590. — Lorsque le bailleur vend la chose louée sans le consentement du preneur, la vente est nulle à l'égard de celui-ci, mais valable à l'égard du vendeur et de l'acheteur.

Par conséquent, à l'expiration du louage, la vente devient irrévocable à l'égard de l'acheteur et celui-ci ne peut refuser de recevoir la chose ; à moins que, avant l'expiration du bail, le vendeur ayant été mis par l'acheteur en demeure de lui en effectuer la délivrance, et n'ayant pu la faire, celui-ci n'ait fait prononcer la résolution de la vente par le juge.

· Si le preneur donne son consentement à la vente, elle est valable à l'égard de tous. Toutefois, le preneur ne peut être contraint à abandonner la chose avant d'avoir eu restitution de ce qu'il a payé d'avance pour le reste de son bail. Mais il perd ce droit de rétention s'il livre la chose avant d'avoir été payé. (Conf. C. N. 1743 à 1749.)

CHAPITRE III.

De la restitution de la chose louée.

Art. 591.— A l'expiration du louage, le preneur doit se dessaisir de la chose louée.

Art. 592.— Le preneur ne peut plus se servir de la chose, une fois le louage expiré

Art. 593.— Le preneur, à l'expiration du louage, est tenu de restituer la chose au bailleur aussitôt que celui-ci la lui demande.

Art. 594.— Mais la restitution de la chose louée n'est pas à la charge du preneur. C'est au bailleur à venir en prendre possession à l'expiration du louage.

Ainsi, lorsque le bail d'une maison est expiré, le propriétaire doit aller en prendre possession. Pareillement, lorsqu'on a loué un amimal pour se rendre à un endroit déterminé, le maître de l'animal est obligé de se trouver à l'endroit convenu pour l'y recevoir, faute de quoi, le preneur n'est pas tenu de la perte de l'animal, arrivée entre ses mains par cas fortuit. Mais si l'animal a été loué pour l'aller et le retour, le preneur est tenu de le ramener à l'endroit où il l'a pris, et il serait responsable de sa perte dans le cas où, au lieu de le ramener au dit endroit, il le garde chez lui.

Art. 595.— Si la restitution de la chose louée nécessite de la peine et des frais, le transport en est à la charge du bailleur.

TITRE IX.

Des dommages et intérêts.

CHAPITRE I.

De l'indemnité due pour la jouissance de la chose d'autrui. (Conf. C. N. 1370, 1371, 1382.)

Art. 596.— Celui qui se sert de la chose d'autrui sans la permission du propriétaire ne doit rien pour sa jouissance, qui constitue un acte de possession illégale *(ghassb)* (*).

Mais si la chose est un bien *Vakouf* ou un bien de mineur, ou bien encore si elle est de celles dont la destination est d'être louées *(mouadun-lil-istighlal)*, il

_____

(*) Voyez art. 892. (N. du Tr.)

doit une indemnité pour sa jouissance, c'est-à-dire un loyer à fixer par estimation ; avec cette différence que, pour cette dernière catégorie, l'indemnité n'est due que lorsque celui qui jouit de la chose ne peut invoquer un droit de propriété *(téevili-mulk)* ou quelque contrat *(téevili-akd* (*)*)*, tandis que pour les biens Vakoufs et ceux des mineurs, l'indemnité est due dans tous les cas.

Par exemple, quelqu'un qui, de sa propre autorité et sans contrat de louage, habiterait pendant un certain temps la maison d'un autre, ne serait pas tenu de payer un loyer.

Mais si la maison est un bien Vakouf ou appartient à un mineur, celui qui l'habite sans l'autorisation du propriétaire est obligé de payer un prix sur estimation pour tout le temps qu'il l'a habitée, soit qu'il invoque un titre de propriété *(téevili-mulk)* ou un contrat *(Téevili-akd)*, soit qu'il n'en invoque pas.

Lorsqu'il s'agit d'une maison destinée à être louée, celui qui l'habite sans l'autorisation du propriétaire doit un loyer sur estimation, sauf s'il peut invoquer en sa faveur un titre de propriété ou un contrat *(Téevili-mulk* ou *Téevili-akd.)*

Enfin si l'on suppose que quelqu'un se soit servi d'un cheval de louage sans l'autorisation du maître, il doit également payer un loyer sur estimation.

Art. 597.— Lorsqu'on se sert d'une chose en jus-

(*) Voyez plus bas art. 597 et 598. (N. du Tr.)

tifiant d'un droit de propriété (*Téevili-mulk*), on n'est pas obligé de payer un prix pour la jouissance, quand même la chose serait de celles qui sont destinées à être louées (*Mouadun-lil-istighlal*).

Par exemple, lorsque l'un des copropriétaires d'un bien commun par indivis en jouit exclusivement pendant quelque temps sans l'autorisation de l'autre copropriétaire, le premier, pouvant affirmer que la chose lui appartient, ne pourrait être obligé à payer un loyer à son copropriétaire, quand bien même la chose serait de celles qui sont destinées à être louées.

Art. 598. — Lorsqu'on se sert d'une chose en justifiant d'un contrat *(Téevili-akd)*, on n'est pas obligé de payer un prix pour la jouissance, quand même la chose serait de celles qui sont destinées à être louées (*Mouadun-lil-istighlal*).

Par exemple, quelqu'un qui n'avait qu'une part indivise dans la propriété d'une boutique, la vend à un tiers sans le consentement de son copropriétaire, et l'acheteur en prend possession. Mais quelque temps après, le copropriétaire du vendeur se présente et, refusant de reconnaître la vente, revendique sa part et en évince l'acheteur. En pareil cas ce dernier, pouvant justifier sa jouissance par la qualité de propriétaire qu'il tenait du contrat de vente (*Téevili-akd*), ne serait pas obligé de payer au copropriétaire survenant un loyer pour la jouissance de la part dont celui-ci l'a évincé, alors même que la boutique serait destinée à être louée.

De même, quelqu'un ayant vendu comme sien le moulin d'autrui, l'acheteur en prend possession et en jouit pendant un certain temps ; après quoi le véritable propriétaire se présente et, revendiquant le moulin par voie de justice, s'en fait reconnaître propriétaire. L'acheteur évincé ne lui doit rien pour le temps qu'il a joui de la chose, car il justifie sa jouissance au moyen d'un contrat. (*Téevili-akd*).

Art. 599.— Lorsque quelqu'un a pris à son service un mineur sans le consentement du tuteur de celui-ci, le mineur, parvenu à sa majorité, peut se faire payer un salaire à fixer par estimation.

En cas de décès du mineur, ses héritiers peuvent également réclamer le même salaire. (Conf. C. N. 724.)

CHAPITRE II.

De la responsabilité du preneur.

Art. 600.—Que le louage soit valable ou non, la chose louée est considéré comme en dépôt entre les mains du preneur. (*)

Art. 601.— Le preneur n'est pas tenu de la perte de la chose louée ; à moins qu'il ne soit en faute ou qu'il n'ait joui de la chose contrairement à l'usage qu'il avait été autorisé à en faire. (Conf. C. N. 1728 N° 1.)

(*) Voyez art. 702, 708 et suiv. du présent Code. (Note du Tr.)

Art. 602.— Si, au contraire, c'est par sa faute que la chose a péri ou subi une diminution de valeur, le preneur en est tenu.

Par exemple, le preneur qui, en frappant ou en surmenant l'animal loué, cause sa perte, en doit la valeur au propriétaire.

Art. 603.— Le preneur est en faute lorsqu'il agit à l'égard de la chose louée d'une façon contraire à l'usage, et en ce cas il est responsable de tout dommage qui résulterait de son action. (Conf. C. N. 1728 N° 1).

Par exemple, celui qui a pris des habits en location est responsable envers le bailleur si, s'étant servi des habits contrairement à l'usage, ceux-ci se déchirent.

De même, le locataire qui fait, dans la maison louée, un feu plus violent qu'on n'en fait ordinairement, est responsable en cas d'incendie de la maison. (Conf. C. N. 1733-1734.)

Art. 604.— Le preneur est également responsable de la perte ou de la détérioration de la chose louée arrivée par la négligence qu'il met dans la garde de l'objet.

Ainsi, le preneur qui laisse en liberté l'animal loué est tenu d'en indemniser le bailleur, si l'animal vient à s'égarer.

Art. 605.— Le preneur qui use de la chose louée en transgressant les conditions stipulées au contrat par le bailleur, est tenu de tous dommages et intérêts. (Conf. C. N. 1728, 1°.)

Mais il n'en est pas tenu si l'usage qu'il fait de la

chose louée est égal à celui qui avait été convenu
ou moins dommageable pour la chose.

Par exemple, le preneur qui charge 100 oques de fer
sur l'animal qu'il a loué pour le charger de 100 oques
d'huile, est responsable en cas de perte de l'animal ; mais il n'encourrait aucune responsabilité si
la charge qu'il avait placée sur l'animal était d'un
poids équivalent à celui de l'huile, ou moins fort.

Art. 606.— A l'expiration du louage, la chose louée
reste, comme auparavant, en dépôt entre les mains du
preneur. En conséquence, si celui-ci continue à s'en
servir, la perte en est à sa charge.

Elle l'est également s'il est en demeure de restituer
la chose. (Conf. C. N. 1302.)

CHAPITRE III.

De la responsabilité de celui qui engage ses services.

Art. 607.— Dans le louage d'ouvrage, l'ouvrier est
responsable si la chose sur laquelle il devait exécuter son travail périt par sa faute.

Art. 608.— Celui qui engage ses services à autrui
est en faute *(taaddi)* lorsqu'il transgresse les ordres
exprès ou tacites du maître.

Par exemple, lorsque quelqu'un, ayant un berger
à son service exclusif, lui dit : «Mène paître mes moutons à tel endroit et non ailleurs, » si le berger mène

le troupeau à un endroit autre que celui indiqué par son maître, son action constitue une faute. Par conséquent, si le troupeau vient à périr au pâturage où le berger l'avait mené, celui-ci est responsable et doit au maître la valeur du troupeau.

De même, si l'on suppose que quelqu'un donne de l'étoffe à un tailleur en lui recommandant de ne la couper que dans le cas où elle serait suffisante pour la confection d'une tunique longue, le tailleur serait obligé de payer la valeur de l'étoffe si, après avoir affirmé qu'elle est effectivement suffisante pour cela et l'avoir coupée, il se trouvait qu'elle est insuffisante.

Art. 609. — Celui qui engage ses services à autrui est également en faute (*taksir*) (*) lorsque, sans excuse légitime, il manque de veiller à la conservation de l'objet qu'on lui a confié. (Conf. C. N. 1137.)

Par exemple, si un animal s'échappe du troupeau confié à la garde d'un berger et s'égare, le berger est en faute et est tenu de la perte de l'animal s'il ne s'est pas mis à sa recherche uniquement par négligence.

Néanmoins, il ne serait pas responsable de la perte, s'il avait été retenu par la crainte probable qu'en s'éloignant à la recherche de l'animal égaré, le reste du troupeau ne s'échappât aussi; car ce serait là une excuse suffisante pour le décharger de toute responsabilité.

(*) *Taaddi* c'est la faute *in faciendo*, et *taksir* la faute *in omittendo*. (N. du Tr.)

Art. 610.— Celui qui se met au service exclusif de quelqu'un (*édjiri-hass*) est réputé homme de confiance (*émin*) (*). Par conséquent il n'est pas responsable si la chose qu'on lui a confiée périt entre ses mains, en dehors de son travail. Il ne l'est pas non-plus, alors même que la chose périt par son fait, à moins qu'il ne soit en faute.

Art. 611.— Celui qui loue ses services à tout le monde (*édjiri-muchtérek*) est responsable de la détérioration ou de la perte de la chose arrivée par son fait, qu'il soit ou non en faute. (Conf. C. N. 1383.)

Le 1er Moharrem 1287.

(*Signé*) : AHMED DJEVDET, Ministre de la Justice.
 » SEID HALIL.
 » SÉIF-ED-DIN, Conseiller d'Etat.
 » SEID AHMED HOULOUSSI, Conseiller à la Haute Cour de Justice.
 » SEID AHMED HILMI, Conseiller à la Haute Cour de Justice.
 » MEHMED EMIN, Conseiller d'Etat.
 » IBNI ABEDIN ZADÉ ALA-ED-DIN, Membre de la Commission.
 »

(*) Voyez Livre VI. art. 768 du présent Code. (N. du Tr.)

COPIE

DU

DÉCRET IMPÉRIAL.

———•◦◦•———

" Qu'il soit fait en conformité du contenu. "

———————

LIVRE III.

DU CAUTIONNEMENT.

———◦⊙◦———

DISPOSITIONS PRÉLIMINAIRES.

~~~~~~~~~~~~

**Termes juridiques concernant le caution-
nement.**

Art. 612. - Le cautionnement est un contrat qui
consiste à ajouter une obligation à une autre obligation pour un seul et même objet.

Autrement dit, c'est l'acte par lequel quelqu'un
adjoint sa personne à celle d'un tiers pour l'exécution d'un engagement dont celui-ci est tenu. (Conf.
C. N. 2011.)

Art. 613.— Le cautionnement personnel (*Kéfaléti-
binnefs*) c'est l'acte de répondre de la personne d'un
tiers.

Art. 614. — Le cautionnement réel (*Kéfaléti-bil-mal*) est celui dans lequel on cautionne une obligation de donner.

Art. 615.— *Kéfaléti-bit-teslim*, signifie l'acte de garantir la délivrance d'une chose.

Art. 616. — Par *Kéfaléti-bid-derk* (cautionnement pour le cas d'éviction), on entend le cautionnement par lequel, dans une vente, on cautionne la restitution du prix ou bien la personne du vendeur, pour le cas d'éviction.

Art. 617. — On appelle *Kéfaléti munedjdjezé* le cautionnement dont l'effet n'est suspendu ni par un terme ni par une condition.

Art. 618.— La caution c'est la personne qui adjoint son obligation à celle d'une autre ; c'est-à-dire la personne qui se soumet à l'obligation dont une autre, appelée *débiteur principal*, était déjà tenue.

Art. 619·— *Mekfoul-oun-leh*, c'est le créancier garanti.

Art. 620.— *Mekfoul-oun-bih*, (chose cautionnée) c'est la chose dont la caution a garanti la livraison ou le paiement. Dans le cautionnement personnel, le débiteur principal est en même temps la chose cautionnée.

TITRE I.

—

De la conclusion du cautionnement.

—◦—

CHAPITRE I.

Des éléments essentiels du cautionnement.

Art. 621.— Pour la conclusion valable du cautionnement, l'offre de la caution suffit. (Conf. C. N. 1103.) Seulement le créancier peut, s'il veut, refuser l'offre. Mais tant qu'il ne formule pas son refus le cautionnement continue à subsister.

D'où il suit que si, quelqu'un ayant cautionné la dette d'un débiteur en l'absence du créancier, celui-ci meurt avant d'avoir reçu avis du cautionnement, la caution reste néanmoins obligée au paiement de la dette, en vertu de l'engagement qu'elle avait pris.

Art. 622.— La caution fait son offre, c'est-à-dire manifeste son consentement au cautionnement, au moyen des termes qui, d'ordinaire, signifient l'intention de garantir la dette et de s'en charger, comme par exemple: « Je cautionne », « Je me porte caution », « Je réponds. »

Art. 623. — Le cautionnement se conclut aussi par une promesse sous condition. (Voyez art. 84); comme par exemple, lorsque quelqu'un dit à un autre : « Si un tel ne vous paye pas ce qu'il vous doit c'est moi qui vous paierai. » Dans ce cas le créancier, après avoir vainement demandé le paiement au débiteur principal, a le droit de se faire payer par la caution. (Conf. C. N. 1201, 2011.)

Art. 624. — Lorsque la caution dit : « Je me porte garant jusqu'à telle époque à partir d'aujourd'hui », il se conclut un cautionnement produisant des effets immédiats, mais n'ayant qu'une durée limitée.

Art. 625. — On peut se porter caution, soit purement et simplement, soit en spécifiant que le contrat produira des effets immédiats, ou bien qu'il n'en produira qu'à partir d'une époque déterminée. (Conf. C. N. 1201, 2013.)

Art. 626. — On peut valablement cautionner la caution.

Art. 627. — Il peut exister plusieurs cautions pour la même dette.

CHAPITRE II.

Des conditions nécessaires pour la validité du cautionnement.

Art. 628. — Pour conclure une cautionnement valable, il faut être sain d'esprit et majeur. Par consé-

quent, le cautionnement consenti par le fou, l'imbécile et le mineur n'est pas valable. (Conf. C. N. 1124).

Le mineur qui s'est porté caution pendant sa mi-
norité, ne peut être contraint de payer, alors même
que, devenu majeur, il avoue son engagement.

Art. 629. — Il n'est pas nécessaire que le débiteur
principal soit majeur et sain d'esprit. On peut donc
valablement cautionner la dette d'un fou ou d'un
mineur. (Conf. C. N. 2012.)

Art. 630. — Lorsque le cautionnement a pour objet
une personne, il faut qu'elle soit déterminée. Cette
condition n'est pas nécessaire si le cautionnement a
pour objet un bien.

Ainsi, lorsqu'on dit : « Je cautionne la dette d'un
tel envers un tel, » le cautionnement est valable alors
même qu'on ne connaît pas le montant de la dette.

Art. 631. — Le cautionnement ne peut exister que
s'il porte sur une obligation dont le débiteur principal
est tenu, c'est-à-dire sur une obligation dont on puisse
exiger l'exécution de celui-ci. (Conf. C. N. 2012.)

Ainsi, on peut valablement cautionner le paiement
du prix dans une vente ou dans un louage, ou l'exécution de toute autre obligation valable.

On peut de même garantir la restitution d'une chose
dont un tiers s'est illégalement emparé (*mali-magh-
soub*) ; et dans ce cas, lorsque le propriétaire la réclame, la caution est tenue ou de restituer la chose
elle-même ou d'en payer la valeur.

Pareillement, dans une vente, le cautionnement

peut porter sur la chose livrée à l'essai, lorsque le prix en a été stipulé. Mais il ne serait pas valable si la chose n'était pas livrée ; car en ce cas, si le corps certain vendu périt entre les mains du vendeur, la vente étant résolue, celui-ci est déchargé de l'obligation de livrer la chose et ne doit que la restitution du prix, s'il l'a reçu.

Le cautionnement qui porte sur la chose même n'est pas, non plus, valable en cas de gage, de prêt à usage, de louage, et dans les autres cas où la chose est en dépôt (*émanet*) (*) entre les mains de la personne cautionnée ; parceque celle-ci n'en supporte pas les risques.

Par contre, dans tous ces cas-là, on peut valablement garantir que la personne cautionnée ne détruira pas ou n'aliènera pas la chose qu'elle détient, et aussi qu'elle la délivrera à son propriétaire. De plus, on peut valablement cautionner la délivrance d'une chose vendue. La caution est alors tenue de livrer la chose aussitôt qu'elle en est requise, à moins qu'il n'existe un droit de rétention en faveur du débiteur principal.

Seulement, de même que dans le cautionnement personnel le décès de la personne qui en fait l'objet décharge la caution, en cas de perte de la chose on ne peut rien réclamer de la caution.

Art. 632. — On ne peut se substituer un tiers pour subir une peine. Par conséquent, on ne peut vala-

___
(*) Voyez Livre VI. art. 762. (N. du Tr.)

blement cautionner la peine du talion *(kissass)* ou toute autre peine corporelle.

Mais on peut valablement cautionner le paiement de la somme d'argent que la victime d'un meurtre consent à recevoir, comme prix du sang, pour le rachat de la peine (*diyet*), ou le paiement de l'indemnité que le blessé reçoit pour incapacité de travail.

Art. 633.— Il n'est pas nécessaire que le débiteur principal soit solvable. On peut donc se porter caution pour un failli.

TITRE II.

Des effets du cautionnement.

CHAPITRE I.

Des effets cautionnement sans terme ni condition, du cautionnement à terme et du cautionnement conditionnel.

Art. 634.— Le cautionnement a pour effet de donner au créancier le droit de réclamer de la caution la chose garantie. (Conf. C. N. 1200, 2011.)

Art. 635.— Lorsque le cautionnement n'est ni à

terme ni sous condition (*kefalet-i-munedjdjézé*), suivant que la dette cautionnée est exigible immédiatement ou à terme, le créancier peut poursuivre la caution immédiatement ou à l'expiration du terme.

Ainsi, lorsque quelqu'un dit: «Je cautionne la dette d'un tel,» il peut être immédiatement poursuivi si cette dette est présentement exigible. Mais si un terme a été stipulé en faveur du débiteur principal, ce n'est qu'à l'expiration de ce terme que la caution peut être actionnée. (Conf. C. N. 2013 1er alin.)

Art. 636. — Lorsque le cautionnement est fait à terme ou sous une condition suspensive, la caution ne peut être poursuivie qu'à l'échéance du terme ou à l'accomplissement de la condition.

Par exemple, lorsque la caution dit : « Je paierai la dette d'un tel, si celui-ci ne la paie pas,» le cautionnement est conditionnel. En conséquence, le créancier ne peut s'adresser à la caution qu'après avoir vainement réclamé du débiteur principal le paiement de la dette.

De même, lorsque quelqu'un dit : « Si un tel commet un vol à votre préjudice, je me porte caution pour lui,» le cautionnement est valable ; mais on ne peut poursuivre la caution que si l'on prouve que la personne cautionnée a commis le vol.

Pareillement, si la caution stipule qu'elle ne devra payer que dans un délai déterminé à partir du moment où la réclamation lui sera faite, le créancier doit d'abord sommer la caution et attendre l'échéance du terme convenu pour pouvoir lui intenter des poursuites. Mais une fois le terme échu, le créancier peut, à tout moment, contraindre la caution de payer, sans que celle-ci puisse réclamer derechef le bénéfice d'un délai égal à celui qui avait été stipulé.

En vertu du même principe, lorsque quelqu'un dit : « Je me porte garant pour la somme dont vous serez reconnu créancier envers telle personne, » ou «Je garantis la somme que vous prêterez à un tel,» ou «la chose qu'un tel vous enlèvera sans droit,» ou « le prix de la chose que vous vendrez à un tel, » la caution ne peut être poursuivie qu'après l'accomplissement de ces conditions, c'est-à-dire lorsque la créance sera prouvée, le prêt effectué, la détention illégale prouvée, la chose vendue et livrée.

Enfin, lorsque quelqu'un déclare garantir que telle personne comparaîtra tel jour, il ne peut être obligé à faire comparaître la personne avant le jour fixé.

Art. 637.— Pour qu'une conditon soit réputée accomplie, il faut qu'elle s'accomplisse de la manière et dans les circonstances que les parties ont déterminées. (Conf. C. N. 1175.)

Par exemple, si la caution dit: « Je m'engage à payer toute somme à laquelle telle personne sera condamnée, » il ne suffit pas que le débiteur principal avoue une dette de tant de piastres pour que l'on puisse contraindre la caution au paiement. Il faut en

plus que le débiteur principal y ait été condamné par
le juge.

Art. 638.— Dans le cautionnement pour le cas d'é-
viction (*kéfaleti-bid-derk*), lorsqu'un tiers revendique
la chose vendue, la caution ne peut être poursuivie avant que le vendeur n'ait été condamné en justice à la restitution du prix.

Art. 639.— Lorsque le cautionnement est conclu
pour un temps limité, la caution ne peut être poursuivie que pendant la durée du délai stipulé.

Par exemple, si quelqu'un dit : « Je me porte garant pour un mois, à partir d'aujourd'hui, » on ne
peut le poursuivre que pendant la durée du mois.
Ce délai une fois expiré, il est déchargé de sa garantie.

Art. 640.— Une fois le cautionnement conclu, la
caution ne peut plus revenir sur son engagement, à
moins qu'il ne s'agisse d'un cautionnement futur ou
conditionnel, auquel cas elle peut le faire tant que la
dette cautionnée n'existe pas encore à la charge du
débiteur principal.

Ainsi, la caution ne peut révoquer son engagement lorsqu'il s'agit d'un cautionnement réel ou personnel dont l'effet n'est suspendu ni par un terme ni
par une condition.

Elle ne le peut pas, non plus, lorsqu'elle a dit :
« Je garantis le paiement de toute dette qui serait
prouvée à la charge d'un tel ; » car, quoique, dans
ce dernier cas, la preuve de la dette ne se fasse

qu'après le cautionnement, elle n'en existait pas
moins auparavant.

Si le cautionnement a été fait, par exemple, dans
les termes suivants : « Si vous vendez quelque objet
à telle personne je me porte sa caution, » ou bien
«Je garantis le paiement du prix de tout ce que
vous lui vendrez, » aussitôt qu'entre la personne et
le tiers il y a eu vente d'un objet quelconque, la
caution est tenue envers le vendeur pour le paiement
du prix.

Mais, avant que la vente ne soit conclue, la caution peut se rétracter en disant : « Je révoque l'engagement que j'ai pris, ne vendez rien à un tel, »
et si le vendeur, malgré cette déclaration, vend quelque chose à la personne dont il s'agit, il n'a plus de
recours contre la caution.

Art. 641.— La caution qui, ayant garanti la restitution d'un objet détenu sans droit (*mal-i-maghsoub*)
ou prêté à usage, restitue elle-même la chose au propriétaire, peut recourir contre le détenteur ou l'emprunteur cautionné pour les frais de transport de
l'objet. (Conf. C. N. 2028.)

CHAPITRE II.

Des effets du cautionnement personnel.

Art. 642.— Le cautionnement personnel (*kéfaléti-bin-nefs*,) a pour effet de garantir la comparution de la personne qui en a fait l'objet.

La caution est donc tenue de faire comparaître cette personne, au terme convenu, sur la demande du créancier; faute de quoi, la caution peut y être contrainte par la force.

CHAPITRE III.

Des effets du cautionnement réel.

Art. 643.— La caution est tenue de l'obligation qu'elle cautionne.

Art. 644.— Le créancier a le choix de réclamer le paiement de sa créance, soit au débiteur principal, soit à la caution, et en s'adressant à l'un il ne perd pas son recours contre l'autre. Il peut donc s'adresser successivement à l'un et à l'autre, et même les poursuivre tous les deux à la fois. (Conf. C.N. 1200, 1204.)

Art. 645.— Lorsque la caution réelle a été elle-même cautionnée par un tiers, le créancier peut, à volonté, attaquer la caution primitive ou son certificateur. (Conf. C. N. 1204.)

Art. 646.— Toutes les fois que plusieurs personnes, ayant une dette commune provenant d'une même cause, se portent mutuellement caution l'une pour l'autre, chacune d'elles est tenue pour le tout. (Conf. C. N. 1200.)

Art. 647. — Lorsqu'il existe plusieurs cautions pour une seule et même dette, elles sont tenues chacune pour la totalité, si elles l'ont cautionnée chacune séparément.

Mais si elles se sont engagées en même temps, chacune d'elles n'est responsable que pour sa part et portion, à moins qu'elles ne se soient mutuellement rendues caution l'une pour l'autre, auquel cas chacune peut être actionnée pour le tout. (Conf. C. N. 2025 et 2026.)

Par exemple, si, après que quelqu'un a cautionné le paiement de mille piastres dues par une autre personne, un tiers survient qui cautionne la même dette, le créancier peut indifféremment en réclamer le paiement de la première ou de la seconde caution.

Mais si ces deux personnes avaient cautionné cette dette en même temps, chacune d'elles n'en serait tenue que pour moitié, à moins qu'elles ne se fussent, en outre, portées caution l'une pour l'autre ; car en ce cas, chacune serait tenue pour mille piastres.

Art. 648. — Lorsque dans le cautionnement l'on stipule que le débiteur principal est libéré, le cautionnement prend les caractères d'une novation par substitution de débiteur (*havalé*) ou d'une délégation parfaite. (Conf. C. N. 1271 N° 2.)

Art. 649.— D'autre part, la délégation imparfaite, c'est-à-dire celle dans laquelle le créancier ne décharge pas le débiteur primitif, n'est qu'un simple cautionnement. (Conf. C. N. 1275.)

Par conséquent, si le créancier dit à son débiteur : « Faites-moi délégation sur un tel de votre dette, à condition que vous ne cesserez pas d'en être également tenu envers moi, » et que le débiteur la fasse, le créancier pourra agir à son gré contre ce dernier ou contre le débiteur délégué.

Art. 650.— Le dépositaire peut cautionner la dette du déposant sous condition de ne la payer qu'avec la valeur du dépôt.

En pareil cas, le créancier a le droit de contraindre le dépositaire à payer la dette sur cette valeur. Mais en cas de perte de l'objet déposé, la caution est déchargée de toute obligation. Toutefois, si elle restitue le dépôt à son propriétaire, elle demeure tenue de la dette.

Art. 651.— Celui qui s'est engagé à faire comparaître quelqu'un (*Kéfili-bin-nefs*) à une époque déterminée, ou, à défaut, de payer la dette de cette personne, sera condamné au paiement de cette dette, s'il ne fait pas comparaître le débiteur au moment fixé.

En cas de décès de la caution, si ses héritiers livrent, au terme convenu, la personne cautionnée ou si celle-ci se présente d'elle-même, la succession est libérée de toute responsabilité pécuniaire. Mais si les héritiers ne livrent pas le débiteur, ou si celui-ci ne se présente pas de lui-même, la succession est tenue de la dette sur ses propres deniers.

En cas de décès du créancier, ses droits passent à ses héritiers.

Si la caution fait comparaître le débiteur en temps utile et que le créancier se cache, elle peut recourir au juge pour faire nommer un représentant du créancier auquel elle remet le débiteur.

Art. 652.— Lorsque le cautionnement est pur et simple (sans modalités), si la dette est immédiatement exigible à l'égard du débiteur principal, elle l'est aussi à l'égard de la caution. Si, au contraire, il y a un terme en faveur du débiteur principal ce terme profite aussi à la caution. (Conf. C. N. 2013 in fine.)

Art. 653.— Lorsque dans le cautionnement, il est dit que la dette sera immédiatement exigible de la caution ou qu'elle le sera à terme, c'est suivant ces stipulations que se règlent les effets du contrat.

Art. 654.— Lorsque la dette est à terme, on peut valablement stipuler, dans le cautionnement, non seulement un terme égal à celui de la dette, mais encore un terme plus long. (Conf. C. N. 2013).

Art. 655.— Le délai accordé par le créancier au débiteur principal profite également à la caution et au certificateur.

Le délai accordé à la caution, profite aussi à son certificateur.

Mais le débiteur principal ne peut profiter du délai accordé à la caution. (Conf. C. N. 1287).

Art. 656.— Le débiteur à terme qui veut changer de résidence avant l'expiration du terme, est obligé, sur la réquisition du créancier, de fournir caution pour sa dette. (Conf. C. de Pr. Fr. 617.)

Art. 657.— Celui qui, ayant cautionné une dette sur la demande du débiteur, a été ensuite contraint de satisfaire le créancier, a son recours contre le débiteur principal pour ce qu'il s'est engagé à payer, et non pour ce qu'il a effectivement payé. (Conf. C. N. 2028, 1287 2ᵐᵉ al.) Mais si, ayant transigé avec le créancier, il n'a payé qu'une partie de la dette, il ne peut réclamer au débiteur principal que le montant de la transaction et non le montant intégral de la dette primitive.

Par exemple, celui qui, ayant garanti le paiement d'une somme en monnaie de bon aloi, paie en monnaie de mauvais aloi, a le droit de réclamer au débiteur principal de la monnaie de bon aloi.

Réciproquement, s'il paie en monnaie de bon aloi la dette stipulée en monnaie de mauvais aloi, ce n'est qu'en cette dernière monnaie qu'il a le droit de se faire rembourser par le débiteur principal.

Pareillement, si, ayant cautionné le paiement d'une somme d'argent, la caution s'arrange avec le créancier et se libère envers lui en donnant quelqu'autre chose à la place, c'est la somme d'argent cautionnée qu'elle peut réclamer au débiteur principal.

Mais si celui qui a cautionné le paiement de 1000 piastres, transige avec le créancier et se libère en payant 500 piastres seulement, il ne peut réclamer au débiteur principal que cette dernière somme.

Art. 658.— Celui qui, dans un contrat commutatif (*akdi-mouavaza*), trompe l'une des parties, est responsable envers elle de tous dommages et intérets.

Par exemple, quelqu'un achète un terrain et y fait des constructions. Plus tard survient un tiers qui l'évince en faisant valoir des droits légitimes. En pareil cas, l'acheteur évincé peut recourir contre son vendeur et lui réclamer, non seulement restitution du prix, mais encore la valeur des constructions au moment de l'éviction. (Conf. C. N. 1626.)

Ou bien encore, quelqu'un s'adresse à des marchands et leur dit : « A partir d'aujourd'hui vous pouvez vendre des marchandises à ce mineur qui est mon fils ; je l'ai autorisé à faire le commerce. » Si plus tard on découvre que le mineur dont il s'agit est le fils d'une autre personne, les commerçants qui lui ont vendu des marchandises peuvent en réclamer le prix à celui qui a fait la fausse déclaration.

TITRE III.

De l'extinction du cautionnement.

CHAPITRE I.

Dispositions générales.

Art. 659.— La remise de la chose entre les mains du créancier, soit par le débiteur principal soit par la caution, libère cette dernière. (Conf. C. N. 2034, 1234 N° 1.)

Art. 660.— La caution est également libérée lorsque le créancier déclare qu'il la décharge ou qu'il n'a rien à lui réclamer. (Conf. C. N. 2034, 1234 N° 3.)

Art. 661.— La libération de la caution n'entraîne pas nécessairement celle du débiteur principal. (Conf. C. N. 1287.)

Art. 662.— Au contraire, la libération du débiteur principal entraîne nécessairement celle de la caution. (Conf. C. N. 1287.)

CHAPRITE II.

De l'extinction du cautionnement personnel.

Art. 663.— Celui qui a répondu de la personne d'un tiers, est libéré lorsqu'il la remet au créancier dans un endroit où celui-ci puisse intenter des poursuites judiciaires, tel qu'une ville ou un bourg ; et il est libéré, soit que le créancier accepte ou refuse la remise.

Mais s'il avait été convenu que la personne cautionnée serait livrée dans une ville déterminée, la caution ne se libèrerait pas en la remettant dans une ville différente.

Si la caution s'est engagée à faire comparaître quelqu'un devant le juge, elle ne se libèrerait pas en livrant la personne cautionnée dans la rue. Mais la remise faite par devant la force publique libère la caution.

Art. 664.— La simple remise de la personne entre les mains du créancier libère la caution, si elle a lieu aussitôt que le créancier la requiert. Autrement, la caution, pour se libérer, doit expressément déclarer qu'elle fait la remise en exécution de son engagement.

Art. 665.— Celui qui s'est engagé à livrer une personne tel jour, peut se libérer en livrant la personne avant ce jour, alors même que le créancier n'accepte pas la remise.

Art. 666.— La mort de la personne que quelqu'un s'est engagé à livrer libère la caution, ainsi que son certificateur, s'il y en a.

La mort du répondant met également fin au cautionnement et libère le certificateur. Mais la mort du créancier ne libère pas la caution qui reste obligée envers les héritiers du créancier décédé.

CHAPITRE III.

De l'extinction du cautionnement réel.

Art. 667.— La caution est complètement libérée lorsque, en cas décès du créancier, le débiteur principal succède seul à celui-ci. (Conf. C. N. 2034, 1234, 1300, 1301.)

Si le créancier, en mourant, laisse en même temps d'autres héritiers, la caution n'est déchargée que pour la part revenant au débiteur principal, et reste obligée envers les autres héritiers pour leurs parts.

Art. 668.— La transaction conclue par le débiteur principal ou la caution avec le créancier, moyennant la remise d'une partie de la dette, libère à la fois le débiteur principal et la caution, lorsqu'il a été convenu dans la transaction qu'ils seront libérés tous les deux ou seulement que le débiteur principal sera libéré, et même lorsqu'il n'a rien été convenu à cet égard.

Mais s'il a été stipulé que la caution seule sera libérée, la transaction n'a d'effet qu'à son égard, et le créancier a le droit de réclamer la totalité de la dette au débiteur principal, ou de réclamer le montant de la transaction à la caution et le surplus au débiteur principal. (Conf. C. N. 1287.)

Art. 669. — La délégation faite par la caution et acceptée par le créancier et par le tiers délégué, libère à la fois la caution et le débiteur principal. (Conf. C. N. 1281.)

Art. 670. — Dans le cautionnement réel, en cas de décès de la caution, la dette cautionnée est à la charge de sa succession. (Conf. C. N. 2017.)

Art. 671. — Celui qui a garanti le paiement du prix d'une vente est libéré de son engagement en cas de rescision de la vente, d'éviction ou de restitution de la chose vendue pour vice redhibitoire. (Conf. C. N. 2036.)

Art. 672. — Le cautionnement qui a pour objet d'assurer le paiement du prix d'un louage conclu pour un temps déterminé prend fin à l'expiration du louage, et si le bailleur et le preneur renouvellent leur contrat, le cautionnement précédent ne s'étend pas au nouveau louage. (Conf. C. N. 2015.)

Le 1ᵉʳ Rébi-ul-ewel 1287.

(*Signé*) : AHMED DJEVDET, Ministre de la Justice.
» SÉIF-ED-DIN, Conseiller d'Etat.
» SEID AHMED HOULOUSSI, Conseiller à la Haute Cour de Justice.
» SEID AHMED HILMI, Conseiller à la Haute Cour de Justice.
» MEHMED EMIN, Conseiller d'Etat.
» IBNI ABEDIN ZADÉ ALA-ED-DIN, Membre de la Commission.

COPIE

DU

DÉCRET IMPÉRIAL.

— ••• —

"Qu'il soit fait en conformité du contenu."

LIVRE IV. (*)

DU TRANSPORT DE DETTE *(Havalé.)*

DISPOSITIONS PRÉLIMINAIRES.

Des termes juridiques concernant le Havalé.

Art. 673. — Le *Havalé* est un acte par lequel une dette est transportée ou mise à la charge d'un autre (1).

Art. 674. — Le *Mouhil* est le débiteur dont la dette est transportée.

(*) La traduction des Livres IV et V est due à Takvor effendi Baghtchebanoglou, juge au Tribunal Correctionnel de Péra, qui a bien voulu en autoriser la réproduction dans ce recueil. (Note de l'Editeur.)

(1) «En droit français, le transport est plus particulièrement la cession d'un droit incorporel; en droit musulman, il consiste en la cession de l'obligation de payer une créance, et il correspond assez exactement à la lettre de change.»

A. QUERRY.

Recueil de lois, concernant les musulmans Schyites.

—«Quelques personnes traduisent le *Havalé* (Cession),

Art. 675.— Le *Mouhalun leh* est le créancier (à qui est due la dette transportée.)

Art. 676.— Le *Mouhalun aléïh* est celui qui prend à sa charge la dette d'autrui.

Art. 677.— *Mouhalun bih*, c'est la chose faisant l'objet de la dette transportée.

Art. 678.— Le *Havaléi moukayédé* (transport limité) est celui où il est déclaré que la personne qui prend à sa charge la dette d'autrui (*mouhalun aléïh*) paiera au moyen des biens du débiteur (*mouhil*) se trouvant entre ses mains (*).

Art. 679.— Le *Havaléi moutlaka* (transport absolu) est celui où il n'est pas déclaré que la personne qui prend à sa charge la dette d'autrui, paiera au moyen des biens du débiteur se trouvant en sa possession,

---

mais cette traduction est inexacte ; car l'objet de la Cession est le transport d'une créance, tandis que l'objet du *Havalé* est le transport d'une dette. On fait cession de ces créances, tandis qu'on ne peut faire *havalé* que d'une dette.

En d'autres termes la Cession est faite par le créancier, et le *Havalé* par le débiteur.»

C. I. PHOTIADÈS BEY et
YANCO EFFENDI VITHYNO.

(*) « Cette espèce de *Havalé* a quelque rapport avec la cession.» id. id.

CHAPITRE I.

De la conclusion du Havalé (Transport de dette.)

SECTION I.

Éléments essentiels du Havalé.

Art. 680. — Le contrat de transport d'une dette se forme par le consentement des trois parties, c'est-à-dire du débiteur (*mouhil*), du créancier et du tiers sur qui le transport se fait.

Art. 681. — Le contrat de transport peut se former encore entre le créancier (*mouhalun leh*) et un tiers (*mouhalun aléïh*) seulement.

Par exemple, si une personne dit à une autre : « Assumez la dette de tant de piastres que telle personne a envers moi » et que la seconde personne y consent ; ou bien encore, si quelqu'un dit à un autre : « Acceptez que je me charge de la créance que vous avez sur un tel » et que celui-ci accepte, le contrat est valable. Si bien que, si celui qui a pris à sa charge la dette d'autrui venait à se repentir, il ne pourrait pas s'en dédire.

Art. 682. — Le contrat de transport, entre le débiteur et le créancier exclusivement, est valable et parfait, si après avoir été notifié au tiers, celui-ci l'accepte.

Si, par exemple, quelqu'un transporte sa dette avec le consentement de son créancier sur une personne se trouvant dans un autre pays, le contrat ne sera parfait qu'après notification au tiers et l'acceptation de celui-ci.

Art. 683. — Le contrat de transport, fait seulement entre le débiteur et un tiers, est subordonné à l'acceptation du créancier.

Ainsi, si une personne dit à une autre : « Assumez la dette que j'ai envers un tel » et que l'autre y consente, le contrat formé, étant subordonné au consentement d'autrui, ne devient valable que par l'acceptation du créancier.

SECCTION II.

Des conditions du contrat de transport.

Art. 684. — Pour former un contrat de *havalé*, il faut que le débiteur et le créancier soient sains d'esprit, et le tiers doit être en outre majeur.

En conséquence, l'enfant incapable de discernement (*Sabiï ghaïri muméyiz*) est aussi incapable de transporter une dette sur un autre et d'accepter le transport d'un créance sur un tiers.

Qu'il soit capable ou incapable de discernement, qu'il soit autorisé (*mézoun*) ou interdit (*mehdjour*), le mineur ne peut valablement assumer sur lui la dette d'un autre.

Art. 685.— Pour que le contrat de *havalé* produise son effet, il faut que le débiteur et le créancier soient majeurs.

En conséquence, la validité d'un transport de dette fait par un enfant capable de discernement (*Sabï mu-méyiz*), ou la validité de l'acceptation faite par un tel enfant du transport de ses créances sur des tiers, est subordonnée à la ratification de son tuteur. Le transport ne devient valable qu'après cette ratification.

Cependant, en cas de transport de sa créance sur un tiers, outre la ratification de son tuteur, il faut que le tiers soit plus riche que le débiteur primitif.

Art. 686.— Il n'est pas nécessaire que le tiers qui prend une dette à sa charge *(mouhalum aléïh)* soit débiteur de celui qui fait le transport *(mouhil)*. Quand même ce dernier n'aurait pas à recevoir du tiers, son acte de transport serait valable.

Art. 687.— Toute obligation pour laquelle le cautionnement n'est pas valable, ne peut être transportée valablement.

Art. 688.— Est valable le transport de toute obligation pour laquelle un cautionnement peut exister.

Seulement, la chose faisant l'objet de la dette transportée doit être déterminée.

En conséquence, le transport d'une dette non constatée n'est pas valable.

Par exemple, si l'on disait: « J'accepte par voie de

transport votre créance qui sera établié sur un tel, » le contrat ne serait pas valable.

Art. 689.— Le transport d'une dette indirecte, provenant d'un cautionnement ou d'un acte de transport, est valable comme le transport d'une dette personnelle directe.

CHAPITRE II.

Effets du transport de dette.

Art. 690.— Le transport de dette libère le débiteur, et la caution, s'il y en a une.

Le droit d'exiger du tiers, qui a consenti au transport fait sur lui (*mouhalun aléïh*) le paiement de la dette (dont il était tenu envers celui qui a fait le transport) (*mouhil*) passe de celui-ci au créancier qui a accepté le transport (*mouhalun leh*).

Le créancier gagiste qui met une dette à la charge de son débiteur, n'a plus le droit de retenir le gage.

Art. 691.— Le tiers qui a consenti au transport fait sur lui d'une manière absolue (voir art. 679) peut, après s'être acquitté, avoir recours contre celui qui a fait le transport, si celui-ci n'est pas son créancier.

En cas contraire, il s'opère nne compensation.

Art. 692.— Dans le contrat de transport limité

(voir art. 678) le cédant perd tout droit sur la chose cédée.

Le tiers ne peut plus la lui délivrer. S'il la lui délivre, il en demeure responsable (envers le cessionnaire) ; sauf à avoir recours ensuite contre le cédant.

Si avant le paiement de la dette, le cédant meurt en laissant des dettes supérieures à la valeur de sa succession, ses autres créanciers n'ont aucun droit à la chose cédée (*).

Art. 693.— Dans le cas d'un contrat de transport où il est déclaré que le tiers doit payer la dette de celui qui transporte, avec les deniers d'un prix de vente qu'il doit à celui-ci, si la vente devient caduque par la perte de la chose vendue avant la tradition, ou si elle vient à être annulée par la découverte de vices redhibitoires dans la chose vendue ou si elle est purement et simplement résiliée entre les parties, le contrat de transport n'est pas pour cela annulé, mais le tiers, après avoir payé, peut exercer son recours contre le cédant, c'est-à-dire, se faire rembourser par lui; mais si la vente se trouve être radicalement nulle comme ayant pour objet la chose d'autrui revendiquée par son véritable propriétaire, le contrat de transport doit être annulé.

(*) Pour établir une différence entre le *Havaléï moukayédé* et le *Havaléï moutlaka*, chaque fois qu'il s'agissait du premier nous avons cru devoir traduire les termes *Mouhil* (débiteur) et *Mouhalun leh* (créancier) par *Cédant* et *Cessionnaire*.

Art. 694.— Dans le cas d'un contrat de trans‑ port où il est déclaré que le tiers paiera au moyen des deniers du cédant qu'il a en dépôt, si les deniers déposés sont reconnus appartenir à une personne qui les revendique au détriment du déposant, le con‑ trat de transport doit être annulé et la dette main‑ tenue à la charge du cédant.

Art. 695.— Dans le cas d'un contrat de transport où il est déclaré que le tiers paiera au moyen de deniers du cédant se trouvant entre ses mains, si ces deniers viennent à périr et que le tiers ne soit pas responsable de leur perte, le contrat est sans effet et le cédant reste tenu de sa dette. Si au con‑ traire le tiers est responsable de la perte, le contrat ne subit aucune atteinte.

Ainsi, quelqu'un ayant opéré un transport au pro‑ fit de son créancier et à condition que celui-ci serait payé sur les sommes déposées chez un tiers, si le dépôt périt accidentellement avant que le cession‑ naire ait touché l'argent, le contrat de transport est nul et la dette retombe à la charge du cédant.

Mais si cette somme a été usurpée ou s'il s'agit d'un dépôt entraînant la responsabilité du déposi‑ taire nonobstant la perte de la chose, le transport reste valable.

Art. 696.— Si quelqu'un transporte une dette sur une personne à condition que cette personne paiera au moyen du prix de la vente d'un bien déterminé se trouvant en sa possession, et que le créancier l'ac‑

cepte avec cette conditon, le contrat est valable et cette personne peut être contrainte à vendre ce bien et à payer la dette avec le produit de la vente.

Art. 697.— Dans le cas d'un contrat de transport dans lequel l'époque du paiement n'est pas déterminée, si le terme fixé pour l'acquittement de la dette de celui qui a fait le transport (*mouhil*) est échu, le contrat est considéré comme devant être exécuté sans délai et il faut que le tiers paie immédiatement. Si le terme fixé pour l'acquittement de la dette de celui qui a fait le transport n'est pas échu, le contrat étant considéré comme une obligation à terme, le paiement ne sera exigible qu'à l'échéance de la dette.

Art. 698. – Le tiers ne peut avoir recours contre celui pour lequel il s'est engagé, avant d'avoir acquitté la dette dont il s'est chargé. En cas de recours, il ne peut se faire rembourser que la chose ayant fait l'objet de la dette transportée (*mouhalun bih*) ; c'est-à-dire qu'il ne peut réclamer d'autre espèce de monnaie que celle qui a été mise à sa charge.

Il ne peut prétendre à être remboursé absolument en la monnaie qu'il a payée.

Ainsi, s'il a été chargé de payer en argent et s'il a payé en or, il ne peut exiger d'être remboursé en or. De même, s'il a donné en paiement des marchandises ou d'autres objets, il n'a droit qu'à la somme même qui a été mise à sa charge.

Art. 699.— Le tiers, qui a pris à sa charge la dette d'autrui, est libéré de l'obligation non seulement en délivrant la chose transportée, ou en la transportant lui même sur un autre, ou par la décharge du créancier, mais encore si le créancier lui fait remise de son engagement à titre gratuit ou par charité ; mais dans ce cas il faut le consentement du tiers qui a pris à sa charge la dette.

Art. 700.— Si le créancier meurt en laissant le tiers comme son héritier, l'engagement de celui-ci est éteint.

(Signé) :   AHMET DJEVDET, Ministre de la Justice.
»   SÉIF EDDIN, Conseiller d'Etat.
»   SÉID AHMED HOULOUSSI, Conseiller à la à la cour de Cassation.
»   SÉID AHMED HILMI, Conseiller à la cour de Cassation.
»   MEHMED EMIN, Conseiller d'Etat.
»   IBN-I-ABIDIN ZADÉ ALA EDDIN, Membre de la Commission.

COPIE

DU

DÉCRET IMPÉRIAL.

———•••———

" Qu'il soit fait en conformité du contenu. "

LIVRE V. (*)

DU NANTISSEMENT OU GAGE.

DISPOSITIONS PRÉLIMINAIRES.

Des termes juridiques concernant le Gage.

Art. 701.— *Rehn*, c'est détenir, en regard d'un droit, un objet affecté à l'acquittement de ce droit. Cet objet s'appelle *Merhoun* et *Réhin* ([1]) (gage). (Conf. Code Civil français, art. 2071).

Art. 702.— *Irtihan*, c'est recevoir un objet en gage.

Art. 703.— Le *Rahin* est celui qui donne un objet en gage.

(*) Voir l'avis de l'Editeur au bas de la page 196.

([1]) Le lecteur est prié d'observer que les mots terminés par un *n* tels que *merhoun, rahin, murtéhin*, etc. doivent se prononcer comme si cet *n* était suivi d'un *e* muet, c'est-à-dire : *merhoune, réhine, rahine, murtéhine*, etc.

Art. 704.— Le *Murtéhin* est la personne qui reçoit le gage, le gagiste.

Art. 705.— L'*Adil* est le tiers à qui le *Rahin* et le *Murtéhin* confient le gage et en mains de qui ils le déposent.

CHAPITRE I.

Du Contrat de Gage.

SECTION I.

Éléments essentiels du Gage.

Art. 706.— Le contrat de gage se forme par la simple déclaration du consentement réciproque (*Idjab vé Kaboul,*) des parties contractantes, c'est-à-dire du *Rahin* et du *Murtéhin*. (Conf. C. C. fr. 2074.)

Seulement, le contrat ne devient parfait et irrévocable qu'après la tradition de l'objet. (Conf. C. C. fr. 2076.)

En conséquence, celui qui donne un objet en gage, est maître de s'en dédire avant de l'avoir livré.

Art. 707.— La déclaration du consentement réciproque se fait dans les termes suivants:

Celui qui donne le gage dira: « Je vous ai donné cet objet en gage comme répondant à ma dette » ou bien une phrase ayant un sens analogue.

Celui qui reçoit le gage répondra : « Je l'accepte, » ou « j'y consens » ou un mot manifestant son consentement. La prononciation du mot *Gage* n'est pas de rigueur.

Par exemple, si quelqu'un achète quelque chose pour une somme quelconque et dit au vendeur en lui remettant un objet :

« Retenez ceci jusqu'à ce que je vous paie » il est censé avoir laissé cet objet en gage.

SECTION II.

Des conditions du contrat de Gage.

Art. 708.— Les deux contractants doivent être sains d'esprit. Il n'est pas nécessaire qu'ils soient majeurs. L'enfant parvenu à l'âge de discernement peut valablement donner ou recevoir un gage. (Conf. C. Civ. fr. 1124.)

Art 709.— La chose engagée doit être sujette à la vente.

En conséquence, elle doit exister au moment du contrat, consister en un objet ayant une valeur appréciable (*Mal-i-mutécavim*) et être susceptible d'être délivrée. (*Mactour-et-teslim.*)

Art. 710. Le gage doit se rapporter à un objet dont on demeure responsable.

En conséquence on peut détenir un gage contre un

bien usurpé. Le gage retenu contre un dépôt n'est pas valable.

SECTION III.

Des accessoires attachés (*Zévaïdi mouttassilé*) à la chose engagée et des substitutions et augmentations qui ont lieu après la conclusion du contrat.

711.— Les dépendances (*Muchtémilat*) de la chose engagée se trouvent implicitement comprises dans le contrat de nantissement comme dans celui de vente. La mise en gage d'un terrain en comprend les arbres avec leurs fruits et les plantations qui s'y trouvent, lors même qu'ils ne sont pas mentionnés d'une manière explicite.

Art. 712.— On peut substituer un objet de gage à la place d'un autre.

Exemple : Une personne après avoir engagé une montre contre une certain somme dont elle reste débitrice, porte à son créancier un sabre et lui propose de le retenir à la place de la montre. Si le créancier restitue la montre en retenant le sabre, c'est ce dernier qui reste engagé contre là somme due.

Art. 713.— Le débiteur qui a donné un gage peut l'augmenter, c'est-à-dire qu'il peut, pendant la durée du gage, y joindre valablement un autre objet de gage.

14

Ce supplément fait partie intégrante du contrat principal qui est alors réputé être conclu sur ces deux objets.

Les deux objets restent ensemble constitués en gage pour la dette existant au moment de l'augmentation.

Art. 714.—Le débiteur, après avoir engagé un objet pour une dette, peut valablement augmenter sa dette, c'est-à-dire qu'il peut emprunter de nouveau sur ce gage.

Ainsi, si quelqu'un, après avoir engagé une montre valant 2000 piastres pour une dette de 1000 piastres, emprunte de son créancier 500 piastres en plus contre le même gage, cette montre est censée engagée pour la somme de 1500 piastres.

Art. 715. — L'accroissement produit par le gage reste engagé avec le gage primitif.

CHAPITRE II.

Des parties contractantes.

Art. 716.— La volonté unique de celui qui reçoit le gage (*Murtéhin*) suffit pour résilier le contrat de gage.

Art. 717.— Le débiteur qui donne une chose en gage (*Rahin*) ne peut dissoudre le contrat de gage sans le consentement de son créancier.

Art. 718.— Le débiteur et le créancier peuvent, d'un commun accord, résoudre le contrat de nantissement. Mais le créancier muni du gage a le droit de le retenir jusqu'au recouvrement de sa créance.

Art. 719. — La personne cautionnée peut donner un gage à celui qui se porte caution pour elle.

Art. 720. — Deux créanciers, associés ou non, peuvent prendre de leur débiteur commun un seul objet en gage. Cet objet équivaut alors à la totalité des deux dettes.

Art. 721. — On peut prendre un seul objet en gage contre deux créances sur deux personnes. Cet objet reste alors engagé pour la totalité des deux créances.

CHAPITRE III.

De la chose en gage.

SECTION I.

Des frais et charges de la chose en gage.

Art. 722. — Le créancier détenteur doit veiller en personne à la conservation du gage ou le faire conserver par une personne de confiance, telle qu'un membre de sa famille, un associé ou un serviteur. (Conf. C. C. fr. 1137.)

Art. 723. — Les frais tels que le loyer d'un local, le salaire d'un gardien, occasionnés pour la conservation du gage, sont à la charge du créancier. (Conf. C. C. fr. 2080.)

Art. 724.— Si l'objet en gage est une bête, les frais, comme fourrage et salaire d'un pâtre, restent à la charge du débiteur.

De même, si le gage consiste en un fonds de terre, les frais occasionnés pour son entretien et son amélioration, tels que réparations, irrigations, greffe, enlèvement des herbes, curage des fossés, demeurent à la charge du débiteur. (Conf. C. C. fr. 2086.)

Art. 725.— Celui des contractants qui a payé *motu proprio* les dépenses revenant à l'autre partie ne peut rien réclamer ensuite ; étant considéré l'avoir fait à titre gratuit.

SECTION II.

Du gage emprunté.

Art. 726. — Le bien emprunté peut être donné en gage avec l'autorisation de son propriétaire. C'est ce qu'on appelle (*Rehn-i-mustéar*) gage emprunté. (Conf. C. C. fr. 2077.)

Art. 727. — Si l'autorisation du propriétaire est absolue, l'emprunteur peut l'engager comme bon lui semble.

Art. 728.— Si le propriétaire met la condition que l'objet lui appartenant sera engagé pour telle somme ou contre telle espèce de bien ou à telle personne et en tel lieu, l'emprunteur doit l'engager conformément aux conditions et conventions arrêtées.

CHAPITRE IV.

De l'effet du gage.

SECTION I.

De l'effet général du gage.

Art. 729. — Le gage confère au créancier le droit de le retenir jusqu'à sa libération, et lors de la mort du débiteur, de se faire payer sur l'objet engagé par préférence aux autres créanciers. (Conf. C. c. f. 2073 et 2082.)

Art, 730. — Le gage n'empêche pas la réclamation du payement d'une dette ; le créancier, même après qu'il a été mis en possession d'un gage, a le droit d'exiger de son débiteur le paiement de sa créance.

Art. 731. — Le paiement partiel d'une dette n'emporte pas le droit d'exiger la restitution d'une partie du gage ; le créancier muni du gage a le droit de le retenir en entier, jusqu'au paiement intégral de sa créance.

Néanmoins, lorsque deux choses se trouvent engagées chacune pour une portion d'une dette, si une portion de la dette est payée le débiteur peut s'en faire restituer l'équivalent. (Conf. C. C. fr. 2082.)

Art. 732.— Le propriétaire d'un gage emprunté a le droit d'actionner l'emprunteur pour la délivrance et la restitution du gage.

Si l'emprunteur n'a pas de quoi acquitter sa dette, le prêteur peut, de son côté, payer la dette et se faire rendre son bien.

Art. 733.— Le contrat de gage n'est pas annulé par la mort du débiteur ni par celle du créancier.

Art. 734.— En cas de mort du débiteur, si ses héritiers sont majeurs, ils doivent à sa place retirer le gage en acquittant la dette de son hoirie. S'ils sont mineurs ou bien, quoique majeurs, s'ils sont absents, leur tuteur vend le gage avec l'autorisation du créancier et acquitte la dette avec le produit de la vente.

Art. 735.— Que le débiteur emprunteur soit vivant, ou qu'il soit mort avant d'avoir retiré le gage, le créancier ne pourra être tenu par le prêteur de se dessaisir du gage avant le paiement de la dette pour laquelle il a été constitué.

Art. 736.— Si un débiteur emprunteur vient à décéder en état déconfiture, le gage emprunté continue à rester dans les mains du créancier, mais il ne peut être vendu sans l'adhésion de son propriétaire.

Si la valeur du gage suffit pour couvrir la dette, son propriétaire peut le vendre sans l'adhésion du créancier.

En cas contraire, il faut le consentement du créancier pour procéder à la vente.

Art. 737.— Si une personne dont le bien est engagé pour la dette d'autrui, meurt en laissant des dettes supérieurs à la valeur de sa succession, on enjoint à l'emprunteur de retirer et rendre le gage emprunté en payant sa dette.

Si l'emprunteur est hors d'état de s'acquitter, le gage continue à rester dans les mains du détenteur; cependant, les héritiers du prêteur peuvent le retirer en payant la dette.

Dans le cas où les créanciers du prêteur exigeraient la vente du gage, si sa valeur se trouve suffisante pour couvrir la dette, il peut être vendu sans l'assentiment du détenteur; mais si la valeur n'est pas suffisante, il ne peut être vendu tant que le créancier n'y a pas consenti.

Art. 738.— En cas de mort du créancier détenteur, ses droits sur le gage passent à ses héritiers.

Art. 739.— Le débiteur qui a donné un gage commun à deux de ses créanciers ne peut, après avoir payé l'un d'eux, réclamer la moitié de son gage. Il ne peut se le faire restituer qu'il n'ait aussi pleinement satisfait l'autre. (Conf. C. C. fr. 2083.)

Art. 740.— Le créancier commun de deux débiteurs n'est tenu de rendre le gage qu'après avoir été entièrement payé de l'un et de l'autre.

Art. 741.— Si le gage périt ou est détérioré par la faute du débiteur, ce dernier en est responsable.

De même, s'il périt ou est endommagé par la faute du créancier, la valeur du gage est déduite de sa créance. (Conf. C. C. fr. 2080.)

Art. 742.— Si le gage périt par la faute d'un tiers, celui-ci est tenu de payer la valeur qu'il avait au moment de sa perte. Cette valeur reste engagée auprès du créancier.

SECTION II.

Des droits du débiteur et du créancier sur la chose engagée.

Art. 743.— Ni le débiteur ni le créancier ne peuvent valablement engager de nouveau le gage à un tiers sans leur consentement réciproque.

Art. 744.— Si un débiteur engage de nouveau le gage du consentement de son créancier, l'engagement antérieur s'annule et l'engagement postérieur devient valable.

Art. 745.— Si un créancier sous-engage le gage avec l'assentiment du débiteur, le gage antérieur s'annule et le sous-gage devient valable comme gage emprunté.

Art. 746.— Si un créancier gagiste vend le gage sans le consentement du débiteur, celui-ci a la faculté de résilier la vente ou de la confirmer à son choix. (Conf. C Civ. fran 2078.)

Art. 747.— La vente du gage par le débiteur sans

le consentement du créancier n'est pas valable ; le créancier conserve toujours son droit de rétention ; cette vente devient valable seulement par l'acquittement de la dette. Elle est également valable du moment qu'elle a été confirmée par le créancier ; alors la mise en gage n'existe plus et la dette subsiste telle quelle ; le prix de la vente reste à titre de gage à la place de la chose vendue.

Si le créancier ne confirme pas la vente, l'acheteur a, à son choix, la faculté d'attendre la libération du gage ou d'en référer à la Justice pour faire résilier la vente.

Art. 748.— Le débiteur et le créancier peuvent, de leur consentement mutuel, donner le gage à un tiers à titre de prêt.

Tous les deux peuvent ensuite le rétablir en nantissement.

Art. 749. — Le créancier peut prêter le gage au débiteur. Si dans cet intervalle le débiteur décède, le créancier a toujours le droit de se faire payer sur le gage, par préférence aux autres créanciers.

Art. 750. — Le créancier ne peut user du gage sans l'autorisation du débiteur ; mais il peut en faire usage avec le gré et consentement de ce dernier ; il peut, par exemple, disposer des produits, comme les fruits et le lait, sans que rien ne soit déduit de sa créance.

Art. 751.— Le créancier en voyage peut emporter avec lui le gage, si les routes par où il doit passer sont sûres.

SECTION III.

De l'effet du gage entre les mains d'un tiers.

Art. 752. — Le gage déposé entre les mains d'un tiers (*Adil*) a le même effet que celui entre les mains du créancier; c'est-à-dire que si le débiteur et le créancier voulaient confier le gage à une personne de leur confiance, le contrat de gage serait parfait et irrévocable aussitôt après le consentement et la réception de l'objet par cette personne, qui remplace alors le créancier.

Art. 753. — Le débiteur et le créancier, qui se sont entendus au moment de conclure le contrat pour que le gage soit détenu par le créancier, peuvent ensuite, d'un commun accord, déposer le gage entre les mains d'un tiers.

Art 754. — Le tiers dépositaire ne peut, tant que la dette subsiste, livrer le gage à l'un des contractants sans le consentement de l'autre; s'il le livre, il a le droit de se le faire restituer. Si le gage périt avant la restitution, il est tenu d'en payer la valeur.

Art. 755. — Si le dépositaire décède, le gage est remis, avec l'acquiescement réciproque des contractants, à un autre dépositaire.

En cas de désaccord entre eux, le gage est déposé entre les mains d'un tiers par la Justice.

SECTION IV.

De la vente du gage.

Art· 756.— Ni le débiteur ni le créancier ne peuvent vendre le gage sans leur assentiment réciproque. (Conf. C. C. fr. 2078.)

Art. 757.— A l'échéance du terme fixé pour le paiement, si le débiteur ne s'exécute pas, le Juge lui ordonne de vendre le gage et payer sa dette. S'il refuse, le Juge vend le gage et acquitte la dette.

Art. 758.— Si le débiteur est absent sans qu'on sache s'il vit ou s'il est mort, le créancier doit s'adresser à la Justice pour faire procéder à la vente du gage et se faire payer sur le produit de la vente.

Art. 759.— Le créancier qui prévoit l'altération du gage peut le vendre avec l'autorisation de la Justice. Le prix de la vente reste engagé en ses mains.

S'il le vend sans être autorisé en Justice, il en demeure responsable. De même, le créancier qui craint que les fruits et légumes, devenus mûrs, d'une vigne ou d'un jardin potager donnés en gage ne se détériorent et ne périssent, ne peut les vendre qu'avec l'autorisation de la Justice. En cas contraire il en serait responsable.

Art. 760.— A l'échéance du terme fixé pour le paiement d'une dette, le mandat donné par le débiteur au créancier, ou au tiers ou à toute autre per-

sonne, d'effectuer la vente du gage, est valable. Le
débiteur ne peut plus révoquer son mandataire. La
mort même du débiteur ou du créancier ne met pas
fin au mandat.

Art. 761.— La personne chargée par mandat de
la vente du gage, doit vendre le gage à l'échéance
du terme fixé pour le paiement de la dette et en remettre le montant au créancier. Si elle refuse, le débiteur mandant peut être forcé de vendre lui-même le
gage; et si celui-ci refusait aussi, la vente serait faite
par Justice.

Si le débiteur ou ses héritiers ne sont pas présents, le mandataire peut être forcé par des moyens
de contrainte à vendre le gage.

S'il refuse, la vente se fait par Justice.

Le 14 Mouharrem 1288, (24 Mars 1871.)

(Signé) : AHMET DJEVDET, Ministre de la Justice.
   »   SÉIF EDDIN, Conseiller d'Etat.
   »   SÉID AHMED HOULOUSSI, Conseiller à la
          à la cour de Cassation.
   »   SÉID AHMED HILMI, Conseiller à la cour
          de Cassation.
   »   MEHMED EMIN, Conseiller d'Etat.
   »   IBN-I-ABIDIN ZADÉ ALA EDDIN, Membre
          de la Commission.

COPIE

DÉCRET IMPÉRIAL.

"Qu'il soit fait en conformité du contenu."

LIVRE VI.

DES CHOSES CONFIÉES A AUTRUI
(*Émanat.*)

DISPOSITIONS PRÉLIMINAIRES.

**Définition des termes juridiques concernant
le présent Livre.**

Art. 762. — On appelle *Émanet* la chose d'autrui qui se trouve entre les mains d'une personne qui en devient le gardien (*émin*). A l'égard de celui entre les mains duquel se trouve la chose, soit qu'elle s'y trouve déposée (*védia*) en vertu d'un contrat ayant pour but sa garde (contrat de dépôt), soit qu'elle s'y trouve en vertu d'un autre contrat quelconque tel que le louage ou le prêt à usage, soit enfin qu'elle ait passé entre ses mains par l'effet du hasard et indépendamment de toute convention, comme par exemple dans

le cas où le vent ferait tomber dans la maison de
quelqu'un la chose de son voisin, cette chose n'est
pas un *védia*, mais un *émanet*.

Art. 763. — *Védia* (chose déposée) c'est la chose
confiée à une personne pour être gardée par elle. (*)

Art. 764. — *Idâ* (contrat de dépôt), c'est l'acte par
lequel on charge un tiers de la garde de sa propre
chose. (Conf. C. N. 1915.)

Celui qui confie la chose s'appelle *déposant (moudi)*
et celui qui la reçoit *dépositaire (mustevdi)*.

Art. 765. — *Ariet* (chose prêtée à usage) c'est la chose d'autrui dont on se sert gratuitement, c'est-à-dire
sans payer aucune rétribution au prêteur. On l'appelle
aussi *moudr* et *mustéar*. (Conf. C. N. 1875-1876.)

Art. 766. — *Iaré* (prêt à usage), c'est l'acte de
prêter à usage. Celui qui prête la chose s'appelle *prêteur (mouir)*. (Conf. C. N. 1875.)

Art. 767. — *Istiaré*, signifie l'acte de recevoir une
chose prêtée à usage; celui qui la reçoit s'appelle
emprunteur (mustéir).

(*) « Depositum est quod custodiendum alicui datum
est. » — Dig. l. 1. pr. L. XVI. T. III. (N. du Tr.)

TITRE I.

Dispositions générales.

Art. 768.— La chose confiée à autrui (*émanet*) n'entraîne pas (par elle-même) de responsabilité.

En d'autres termes, si la chose périt ou se perd sans la faute de la personne à qui elle est confiée, celle-ci n'est pas tenue d'en réparer la perte. (Conf. C. N. 1302, 1877, 1929.)

Art. 769.— Celui qui, ayant trouvé un objet sur son chemin ou ailleurs, le prend avec l'intention de se l'approprier, est assimilé à celui qui s'empare sans droit de la chose d'autrui (*ghassib*) (*). En conséquence, si la chose périt, même sans sa faute, il en est responsable.

Si, au contraire, il l'a prise avec l'intention de la rendre à celui à qui elle appartient au cas où celui-ci lui serait connu, la chose est considérée comme un simple *émanet* entre les mains de l'inventeur et celui-ci doit la rendre au maître.

Mais lorsque celui qui a trouvé la chose n'en connaît pas le maître, la chose s'appelle *loukata* (trouvaille) et devient également un *émanet* entre les mains de l'inventeur que l'on appelle en ce cas *multékit*.

_____

(*) Voyez art. 881 du présent Code. (N. du Tr.)

Art. 770.— Celui qui a trouvé une chose dont il ignore le propriétaire, est tenu de publier sa trouvaille, et la détient à titre d'émanet jusqu'à ce que le propriétaire s'en fasse connaitre.

Il est tenu de la rendre anssitôt que quelqu'un se présente et prouve qu'elle lui appartient. (Conf. C. N. 717.)

Art. 771.— Lorsqu'une chose périt entre les mains d'autrui par cas fortuit, celui qui l'avait entre les mains est en tous cas obligé d'en réparer la perte s'il détenait la chose sans la permission du maitre. (Conf. C. N. 1302 in fine.)

Mais si c'est avec la permission de ce dernier qu'il avait la chose entre ses mains, celle-ci étant alors considérée comme un émanet, il ne serait rien dû au maître pour la perte par cas fortuit, à moins qu'il n'y ait eu vente à l'essai avec fixation de prix, auquel cas la perte de la chose serait pour le détenteur (*). (Conf. C. N. 1877 1883-1929-1588-1182.)

Par exemple, si l'on prend un vase dans la boutique d'un potier sans la permission de celui-ci, et que le vase se brise en tombant, on est tenu de sa perte.

On n'en serait pas, au contraire, tenu si c'est avec la permission du maître de la boutique que l'on avait pris le vase et que, pendant qu'on l'examinait, celui-ci était tombé par hasard et se serait brisé.

Toutefois, si le vase en tombant sur d'autres vases

(*) Voyez art. 298 du présent Code. (N. du Tr.)

s'était brisé en les brisant également, on devrait au maître la valeur de ces derniers seulement, car le premier vase était un *émanet*.

Mais si, après que l'on a demandé le prix d'un vase au propriétaire de la boutique et que celui-ci a répondu : « Le prix en est de tant, prenez-le, » on prend le vase et on le laisse tomber des mains, l'on est en ce cas tenu de sa perte.

Pareillement, lorsqu'un marchand de sorbets donne à boire à quelqu'un et que le buveur laisse involontairement tomber le vase qui contenait la boisson, il n'est rien dû au marchand pour la perte du vase, celui-ci étant, comme chose prêtée à usage, un *émanet* entre les mains du buveur. Mais si le vase tombait par suite du mauvais usage que le buveur en aurait fait, celui-ci serait tenu d'en payer la valeur au marchand.

Art. 772. — La permission tacite équivaut à la permission expresse. Mais devant une défense expresse la permission présumée demeure sans effet.

Par exemple, quiconque entre dans la maison d'autrui avec la permission du maître, étant par celà-même tacitement autorisé à boire de l'eau dans le premier vase qui se trouve à sa portée, si le vase tombe par hasard de ses mains et se brise, il n'est rien dû au maître. Si, au contraire, celui-ci avait expressément défendu au visiteur de toucher à ce vase, ce dernier serait tenu de sa perte.

TITRE II.

Du contrat de dépôt.

CHAPITRE I.

De la manière dont se conclut le dépôt et de ses conditions de validité.

Art. 773.— Le dépôt (*idâ*) se conclut par l'offre et l'acceptation expresses ou tacites. (Conf. C.N. 1921, 1919.)

Ainsi, lorsque le maître de la chose déposée, dit: «Je dépose cette chose auprès de vous » ou bien «Je vous la laisse en dépôt *(émanet)*» et que le dépositaire répond « J'accepte, » le dépôt se conclut expressément.

Il se conclut tacitement par exemple lorsqu'une personne, entrant dans une auberge, demande à l'aubergiste: « Où dois-je attacher mon cheval? » et que celui-ci lui montrant un endroit pour cela, le premier y attache sa monture. (Conf. C. N. 1952.)

Pareillement, si quelqu'un laisse sa chose auprès d'un boutiquier et s'en va, et que celui-ci l'ayant vu garde le silence, cette chose est constituée en dépôt auprès du maître de la boutique. Mais si ce dernier se refuse expressément à accepter la chose, le dépôt n'est pas conclu.

De même, si quelqu'un laisse sa chose en dépôt

auprès de plusieurs personnes et s'en va, et que, voyant cela, elles gardent le silence, la chose est constituée en dépôt auprès de toutes les personnes présentes. Mais si celles-ci quittent successivement l'endroit, celui qui reste le dernier, se constituant ainsi gardien de la chose, en devient le seul dépositaire.

Art. 774. — Celui qui fait le dépôt et celui qui le reçoit ont également la faculté de résoudre le contrat à tout moment.

Art. 775. — Pour que le dépôt soit valable, il faut que la chose déposée soit susceptible de possession et que la tradition en soit possible au moment du dépôt. (Conf. C. N. 1919.)

Par conséquent, le dépôt de l'oiseau qui vole dans l'air n'est pas valable.

Art. 776. — Celui qui fait le dépôt et celui qui le reçoit doivent être tous deux sains d'esprit et capables de discernement.

Il n'est pas nécessaire qu'ils soient majeurs.

Par conséquent, le fou et le mineur incapable de discernement (*) ne peuvent ni faire ni accepter valablement un dépôt.

Par contre, le mineur capable de discernement (**) peut faire ou accepter valablement un dépôt alors qu'il est émancipé. (Conf. C. N. 1925.)

(*) *Sabii-ghairi-muméiz,* — *infantiæ proximus.* (Note du Tr.)

(**) *Sabii-muméiz,* — *pubertate proximus.* (N. du Tr.)

CHAPITRE II.

Des effets du contrat de dépôt et des obligations qui en découlent.

Art. 777.— La chose déposée est un *émanet* (*) entre les mains du dépositaire.

Par conséquent si elle périt sans la faute de celui-ci il n'est pas tenu de sa perte. (Conf. C. N. 1138, 1302, 1929.)

Mais si le dépositaire en avait accepté la garde moyennant salaire et qu'elle périsse par suite d'une circonstance qu'il était possible d'éviter, il serait tenu de sa perte. (Conf. C. N. 1928, 2°.)

Par exemple, si une montre déposée entre les mains de quelqu'un, tombe par hasard et se brise, le dépositaire n'est pas tenu de sa perte, mais il en est tenu s'il la brise en l'écrasant du pied, ou bien si un autre objet tombe de ses mains sur la montre et la brise.

De même, si quelqu'un a déposé sa chose auprès d'un autre après lui avoir payé un salaire pour la garder et qu'elle périsse par une circonstance qu'il était possible d'éviter, telle que le vol de la chose, le dépositaire est tenu d'en réparer la perte.

Art. 778.— Si le domestique du dépositaire laisse tomber un objet de ses mains sur la chose déposée

_____

(*) Voyez art. 762 et 768. (N. du Tr.)

et que celle-ci se brise, c'est le domestique qui est tenu de la perte. (Conf. C. N. 1384.)

Art. 779.— Le dépositaire est en faute *(tâdi)*, s'il agit à l'égard de la chose déposée contrairement à la volonté de celui qui a fait le dépôt. (Conf. C.N.1930.)

Art. 780. — Le dépositaire garde lui-même la chose déposée comme sa propre chose. (Conf. C. N. 1927.) Il peut aussi la faire garder par quelqu'un de sa confiance.

Dans ce dernier cas, si elle périt sans la faute de la personne de confiance, ni celle-ci ni le dépositaire ne sont tenus de sa perte.

Art. 781.— Le dépositaire peut garder la chose déposée au même endroit où il garde les siennes propres. (Conf. C. N. 1927.)

Art. 782.— Il doit garder la chose déposée dans les conditions dans lesquelles sont ordinairement gardées les choses de même espèce. (C. N. 1136, 1137.)

Ainsi, comme il y aurait négligence à garder dans une grange ou une écurie, des objets de valeur tels que l'argent et les pierres précieuses, le dépositaire d'objets semblables qui aurait agi de la sorte serait tenu de leur perte.

Art. 783.— Lorsqu'il y a plusieurs dépositaires et que la chose déposée est indivisible, l'un d'eux peut la garder du consentement des autres, ou bien chacun d'eux à son tour. En cas de perte de la chose, sans qu'il y ait faute de leur part, aucun des dépositaires n'en est tenu.

Si, au contraire, la chose déposée est divisible, les dépositaires la divisent en parts égales et chacun en garde une.

En ce dernier cas, aucun d'eux ne peut, sans le consentement de celui qui a fait le dépôt, se décharger de sa part sur l'un des autres dépositaires.

Néanmoins lorsque, sans le consentement du propriétaire, la chose est donnée par l'un des dépositaires à un autre, ce dernier n'est pas tenu de la perte survenue entre ses mains par cas fortuit. Mais celui qui avait donné sa part à l'autre est tenu même de la perte par cas fortuit.

Art. 784. — La condition stipulée lors de la constitution du dépôt est valable seulement si elle est possible et utile, autrement elle est de nul effet. (Conf. C. N. 1172, 1173.)

Par exemple, une chose ayant été constituée en dépôt sous la condition que le dépositaire la garderait dans sa propre maison, si pour cause d'incendie il y avait absolue nécessité de la transporter ailleurs, la condition imposée au dépositaire resterait sans valeur; par conséquent, si la chose périssait après son déplacement sans qu'il y ait faute, il ne serait rien dû pour la perte.

De même, si celui qui a fait le dépôt avait ordonné au dépositaire de garder la chose déposée avec défense de la donner à sa femme, ou à son fils, ou à son domestique, ou à toute personne à laquelle le dépositaire a l'habitude de confier ses propres objets, on n'aurait aucun égard à cette défense au cas où le dépositaire se trouverait dans la nécessité de re-mettre la chose à quelqu'une de ces personnes. En pareil cas, si l'objet périssait après sa remise par le dépositaire à l'une de ces personnes, sans qu'il y ait faute, il ne serait rien dû au déposant pour la perte. Mais le dépositaire en serait tenu s'il avait re-mis la chose sans nécessité.

Pareillement, s'il a été convenu que la chose dé-posée serait gardée dans telle pièce de la maison du dépositaire, et que ce nonobstant celui-ci la garde dans une autre, la condition serait de nul effet si les deux chambres présentent les mêmes garanties de sé-curité, et dans ce cas non plus la perte de l'objet dé-posé ne serait pas à la charge du dépositaire.

Si, au contraire, les chambres différaient entr'elles, comme par exemple si l'une était construite en pierre et l'autre en bois, la condition serait valable et le dé-positaire serait dans l'obligation de garder la chose dans la chambre convenue. En plaçant donc l'objet dans la chambre qui se trouve dans des conditions inférieures de sécurité comparativement à la chambre convenue, le dépositaire serait responsable en cas de perte. (Conf. C. N. 1145.)

Art. 785.— Si le propriétaire de la chose déposée est absent et qu'on ignore s'il est mort ou s'il est en vie, le dépositaire est tenu de garder la chose jusqu'à ce qu'on se soit assuré du décès du propriétaire.

Mais si la chose est sujette à détérioration, le dépositaire peut, avec l'autorisation du juge, la vendre et en garder le prix en dépôt.

Néanmoins, s'il ne la vend pas et qu'elle se détériore en restant entre ses mains, il n'encourt aucune responsabilité. (Conf. C. N. 1933)

Art. 786. — Les frais faits à l'occasion d'une chose déposée qui exige un entretien, telle qu'un cheval ou un bœuf, sont à la charge du propriétaire. (Conf. C. N. 1947.)

Si celui-ci est absent, le dépositaire pourra s'adresser au juge qui ordonnera les mesures les plus convenables et les plus conformes aux intérêts du déposant. Ainsi, dans le cas où il serait possible de louer la chose déposée, le dépositaire pourra être autorisé par le juge soit à la donner à bail pour employer le produit de la location à l'entretien de la chose, soit à la vendre au prix d'estimation. Si la location n'en est pas possible, le dépositaire pourra être autorisé par le juge à la vendre au prix d'estimation, soit de suite, soit après avoir pourvu de son propre bien à l'entretien de la chose pendant trois jours, auquel cas il aura le droit de réclamer au propriétaire les dépenses d'entretien de la chose, pour les trois derniers jours.

Mais les frais faits sans l'autorisation du juge ne peuvent être répétés contre le propriétaire.

Art. 787. — Si la chose déposée périt ou se détériore alors que le dépositaire est en faute, celui-ci est tenu de la perte. (Conf. C. N. 1302.)

Ainsi, le dépositaire d'une somme d'argent qui l'emploie à son propre usage, est responsable envers le propriétaire. (Conf. C. N. 1930.)

Par conséquent, si, après avoir employé à son propre usage les pièces de monnaie contenues dans une bourse qu'on lui avait confiée en dépôt, il les remplace de ses propres deniers et qu'elles viennent à périr, il ne pourrait se soustraire à sa responsabilité envers le propriétaire, quand même la perte en serait fortuite.

Pareillement, si celui à qui l'on a confié un animal s'en sert comme monture sans la permission du maître pour se rendre à quelqu'endroit, et qu'en route l'animal périsse, soit parcequ'il a été surmené, soit par toute autre cause, ou bien encore s'il est volé, le dépositaire est tenu de la perte. (Conf. C.N. 1930.)

Il en serait de même pour le dépositaire qui, en cas d'incendie, n'aurait pas transporté ailleurs la chose déposée alors qu'il le pouvait.

Art. 788. — Le dépositaire est en faute lorsque, sans la permission du maître, il mêle la chose déposée à d'autres choses semblables, de façon à ce qu'on ne puisse pas l'en distinguer.

Par conséquent, le dépositaire qui, sans la permission de celui qui a fait le dépôt, mêle les pièces d'or reçues en dépôt avec les siennes propres ou avec d'autres également déposées chez lui, est tenu en cas de perte ou de vol de ces pièces. Si c'est un tiers qui mêle de la sorte les pièces déposées, c'est ce dernier qui est responsable de leur perte.

Art. 789— Si, au contraire, c'est avec la permission de celui qui a fait le dépôt que le dépositaire mêle la chose déposée de la façon indiquée dans l'article précédent, ou bien si ce mélange s'opère sans la faute du dépositaire, comme par exemple dans le cas où la bourse gardée dans un coffre se déchire et que les pièces d'or qu'elle contenait se répandent en se mêlant à celles que contient le coffre, celui qui a fait le dépôt et le dépositaire deviennent copropriétaires par indivis du mélange en proportion de leurs parts. (Conf. C. N. 573.)

En pareil cas, si la chose déposée venait à périr par cas fortuit, le dépositaire ne serait pas tenu de la perte.

Art. 790.— Le dépositaire ne peut pas se substituer un tiers dans la garde de la chose déposée, sans la permission de celui qui a fait le dépôt; s'il le fait et que la chose déposée périsse, il en est responsable.

Mais lorsque la chose périt par le fait du dépositaire substitué, le déposant peut agir à son choix, soit contre le dépositaire primitif, soit contre le dépositaire substitué. S'il agit contre le premier, celui-ci a son recours contre le second.

Art. 791.— Si, lorsque le dépositaire confie à son tour la chose déposée à un tiers, le maître de celle-ci y consent, le premier dépositaire est déchargé et le second le remplace.

Art. 792.— Le dépositaire peut, si celui qui a fait le dépôt y consent, non-seulement se servir de la chose déposée, mais encore la louer, la prêter à usage et la mettre en gage.

Mais s'il la loue, la prête à usage ou la met en gage sans le consentement du maître, et qu'elle périsse ou diminue de valeur entre les mains du preneur, de l'emprunteur ou du créancier gagiste, il est tenu de la perte ou de la diminution de valeur. (Conf. C. N. 1930.)

Art. 793. — Le dépositaire qui, sans autorisation préalable du déposant, prête à un tiers la somme d'argent déposée entre ses mains, est responsable envers le déposant pour la dite somme, à moins que ce dernier ne ratifie le prêt.

Il est également responsable si, avec la somme d'argent déposée, il paie la dette du déposant sans le consentement de celui-ci.

Art. 794.— Le dépôt doit être remis au déposant aussitôt qu'il le réclame. (Conf. C. N. 1937.)

Les frais et les charges de la restitution incombent à celui qui a fait le dépôt. (Conf. C. N. 1942.)

Si le dépositaire n'obéit pas à la réquisition de ce dernier, il est tenu de la perte de la chose déposée survenue après la réquisition. (Conf. C. N. 1929.)

Néanmoins, il n'en serait pas tenu s'il avait été empêché de restituer la chose par un motif légitime, tel que l'éloignement de la chose au moment de la réquisition.

Art. 795.— Le dépositaire peut restituer la chose déposée, soit de ses propres mains, soit par l'entremise d'une personne de confiance.

Dans ce dernier cas, il ne serait pas tenu de la perte de la chose déposée, survenue par cas fortuit avant que celle-ci soit parvenue aux mains de la personne qui a fait le dépôt.

Art. 796.— Si deux copropriétaires déposent auprès de quelqu'un une chose commune et qu'en l'absence de l'un d'eux, l'autre vienne réclamer sa part au dépositaire, celui-ci peut la lui donner si la chose déposée est de celles qui se retrouvent dans le commerce sans différence de prix (*misliat*). Mais il ne le pourrait pas si la chose déposée n'était pas de cette sorte (*kiyémiat*) (Conf. C. N. 1939.)

Art. 797.— Le lieu de la restitution de la chose déposée est celui où le dépôt en a été fait. (Conf. C. N. 1936.)

Par exemple, un objet déposé à Constantinople, est restituable en cette même ville, mais le dépositaire ne pourrait être contraint de le restituer à Andrinople.

Art. 798.— Les fruits de la chose déposée appartiennent à son propriétaire. (Conf. C. N. 1942.)

Ainsi, le part de l'animal confié à autrui, de même que son lait et sa laine, appartiennent à son maître.

Art. 799.— En cas d'absence de la personne qui a fait le dépôt, si, sur la demande de celui à qui elle doit des aliments, le juge fixe le montant des aliments et en ordonne le paiement sur la somme déposée par l'absent, le dépositaire, en y employant la dite somme, est déchargé de toute responsabilité envers l'absent. Mais s'il l'emploie à cet usage sans l'ordre du juge, il en est responsable.

Art 800.— Dans le cas où le dépositaire viendrait à être atteint dans ses facultés mentales sans qu'il y ait espoir de guérison, si l'on ne retrouve pas en nature l'objet déposé avant sa maladie, la personne qui a fait le dépôt peut se faire indemniser sur le patrimoine du fou, en fournissant caution solvable [pour la restitution dont il est parlé ci-après]. Et si plus tard le dépositaire, venant à guérir, affirme sous serment qu'il a restitué la chose déposée à son maître, ou bien qu'elle a péri par cas fortuit, on lui restitue l'argent qui lui avait été pris.

Art. 801.— En cas de décès du dépositaire, la chose déposée, si elle existe en nature dans sa succession, est un *émanet* entre les mains de son héritier et doit être restituée à celui qui a fait le dépôt.

Mais si elle n'existe pas en nature dans la succession, l'héritier sera déchargé de toute obligation s'il prouve que le dépositaire avait, de son vivant, fait connaître le sort de la chose déposée en déclarant, par exemple, qu'elle avait péri par cas fortuit.

L'héritier sera pareillement déchargé s'il déclare avoir eu connaissance de la chose déposée et en fait la description, en affirmant en même temps, sous serment, qu'elle a péri par cas fortuit après la mort du dépositaire.

Si, au contraire, le dépositaire défunt n'avait pas fait connaître le sort de la chose déposée, il est considéré comme l'ayant dissimulée, à sa mort. En conséquence la valeur en est à la charge de la succession au même titre que les autres dettes du défunt.

Elle est également à la charge de la succession, si l'héritier déclare qu'il a eu connaissance de la chose et en allègue la perte, sans toutefois être à même d'en faire la description. Dans ce cas, sa déclaration sera de nulle valeur, à moins qu'il ne prouve que la chose a effectivement péri. (Conf. C. N. 1923, 1924.)

Art. 802. — En cas de décès de la personne qui a fait le dépôt, la chose déposée est rendue à ses héritiers. (Conf. C. N. 1939.)

Mais si la succession est obérée (*mustaghrak-bildéyn*), on doit recourir au juge. Autrement, le dépositaire est responsable envers la masse des créanciers si, sans avoir eu recours au juge, il livre la chose déposée à l'héritier et que celui-ci l'aliène.

Art. 803. — Lorsqu'il y a lieu de réparer la perte de la chose déposée, si elle est fongible (*misli*) elle peut être remplacée par une chose semblable. Si elle n'est pas fongible, on est tenu d'en payer la valeur au jour où a eu lieu le fait qui a motivé l'indemnisation. (Conf. C. N. 1932.)

TITRE III.

Du prêt à usage.

CHAPITRE I.

De la manière dont se conclut le prêt, à usage et de ses conditions de validité.

Art. 804. — Le prêt à usage se conclut par la proposition suivie de l'acceptation et de la remise de la chose prêtée.

Par exemple, lorsque quelqu'un dit à un autre : « Je vous prête ma chose pour vous en servir » ou bien « Je vous la donne à titre de prêt, » et que l'autre répond : « J'accepte », ou bien encore prend la chose sans rien répondre, le contrat est conclu. Il l'est également lorsque l'un dit à l'autre : « Prêtez-moi cette chose » et que l'autre la lui donne.

Art. 805. — Le silence du prêteur ne vaut pas acceptation.

Par conséquent, si quelqu'un demande à un autre sa chose en prêt et que, le propriétaire gardant le si-

lence, le premier prenne néanmoins la chose, celui-
ci est assimilé à celui qui s'empare sans droit de la
chose d'autrui (*ghassib.*)

Art. 806.— Le prêteur peut résoudre à tout moment le contrat de prêt à usage.

Art. 807.— Le contrat se résont également par la
mort du prêteur ou de l'emprunteur. (Conf. C. N.
1879, 1122.)

Art. 808.— Pour que le prêt à usage soit valable,
il faut que l'emprunteur puisse se servir de la chose
prêtée. D'où il suit que l'animal échappé ne peut faire
l'objet d'un prêt à usage.

Art. 809.— Le prêteur et l'emprunteur doivent être
tous deux sains d'esprit et capables de discernement.
(Conf. C. N. 1123, 1124.)

Il n'est pas essentiel qu'ils soient majeurs.

Par conséquent, le fou et le mineur incapable de
discernement ne peuvent jamais valablement prêter
ou emprunter. Tandis que le mineur émancipé peut
valablement figurer dans un prêt à usage, soit comme prêteur soit comme emprunteur.

Art. 810.— La remise de la chose prêtée étant
essentielle à la perfection du prêt à usage, le contrat
reste sans effet avant la remise.

Art. 811.— La chose prêtée à usage doit être déterminée.

Ainsi, lorsque de deux chevaux l'on en prête un
sans désigner lequel et sans accorder à l'autre partie
le droit de choisir, le contrat n'est pas conclu et le

prêteur doit nécessairement indiquer lequel de deux chevaux il entend prêter.

Mais si celui-ci laisse à l'emprunteur la faculté de choisir en lui disant : « Prenez celui des deux que vous voudrez, » le prêt est valable.

CHAPITRE II.

Des effets du prêt à usage et des obligations qui en dérivent.

Art. 812.— L'emprunteur acquiert à titre gratuit l'usage de la chose prêtée. (Conf. C. N. 1875, 1876.)

Par conséquent, le prêteur ne peut lui réclamer un loyer pour l'usage de la chose.

Art. 813.—La chose prêtée à usage est un *émanet* (*) entre les mains de l'emprunteur. (Conf. C. N. 1877.)

Il n'y a donc pas lieu à réparation si elle périt ou diminue de valeur sans la faute de l'emprunteur. (Conf. C. N. 1880, 1884.)

Par exemple, si le miroir prêté tombe par hasard des mains de l'emprunteur et se brise, ou bien si celui-ci, en glissant, tombe sur le miroir et le brise, il n'est pas tenu de la perte.

De même, si un liquide se verse par hasard sur

Voyez art. 762 et 768. (N. du Tr.)

le tapis prêté et lui fait perdre de sa valeur en le ta-
chant, l'emprunteur n'est pas non plus tenu de réparer le dommage.

Art. 814. — Lorsque l'emprunteur est en faute,
la perte ou la détérioration de la chose prêtée, pour
quelque cause que ce soit, est à sa charge. (Conf.
C. N. 1302, 1881.)

Ainsi, l'emprunteur qui, avec le cheval emprunté,
parcourt en un jour le chemin qui se fait ordinairement en deux journées de marche, est tenu
de dommages et intérêts si le cheval périt ou devient
fourbu au point de diminuer de valeur.

Il en serait également tenu au cas où il aurait
emprunté le cheval pour se rendre à un endroit
déterminé et qu'ayant dépassé cet endroit, le cheval viendrait à périr de mort naturelle.

De même, si l'on suppose que quelqu'un ayant
emprunté un collier l'attache au cou d'un mineur
qu'il laisse sans surveillance, en cas de vol du collier
l'emprunteur n'en serait pas tenu si le mineur était
en état de garder ses propres effets, mais il en serait tenu dans le cas contraire.

Art. 815. — Les frais d'entretien de la chose prêtée
sont à la charge de l'emprunteur. (Conf. C. N. 1886,
contr. 1890.)

Ainsi, par exemple, l'emprunteur d'un animal serait tenu si, n'ayant pas nourri l'animal, celui-ci
venait à périr.

Art. 816 — Lorsque le prêt est pur et simple, c'est-à-dire sans conditions de temps, de lieu, ou de mode d'user, l'emprunteur peut se servir de la chose prêtée à sa guise.

Mais l'usage qu'il en fait doit être conforme à l'usage habituel. (Conf. C. N. 1880.)

Par exemple, lorsqu'un cheval est prêté sans conditions, l'emprunteur le peut monter quand il veut et aller où il veut. Mais il ne pourrait faire en une heure le chemin qui se fait en deux.

Pareillement, celui qui a l'usage absolu d'une chambre d'auberge, peut y demeurer, s'il le veut, ou bien y déposer des marchandises. Mais il ne pourrait, contrairement à l'usage, y exercer le métier de forgeron.

Art. 817.— Si le prêt à usage est fait sous condition de temps ou de lieu, la condition est valable et l'emprunteur ne peut y contrevenir. (Conf. C. N. 1880, 1881.)

Par exemple, on ne peut monter pendant quatre heures, un cheval emprunté pour trois heures seulement.

De même, on ne peut se servir d'un cheval emprunté pour se rendre à un endroit autre que celui qui avait été convenu.

Art. 818.— Si la chose est prêtée pour un usage déterminé, l'emprunteur n'en pourra faire un usage plus domageable pour la chose. (Conf. C. N. 1881.)

Mais il pourra en faire un usage équivalent ou inférieur.

Par exemple, on ne peut charger du fer ou des pierres sur une bête de somme qu'on a empruntée pour
la charger de blé. Mais on peut la charger d'une autre
chose d'un poids égal ou inférieur à celui du blé.

De même, on ne peut charger un fardeau sur un
cheval emprunté pour le monter. Mais on peut monter un cheval qu'on avait emprunté pour le charger
d'un fardeau.

Art. 819. — Si le prêteur a prêté la chose sans conditions, l'emprunteur peut en faire usage soit directement soit indirectement. C'est-à-dire, il peut en user
lui-même ou bien la prêter à usage à autrui. Et cela
s'applique aussi bien aux choses qui ne peuvent être
modifiées par le changement de l'emprunteur, telles
qu'une chambre, qu'à celles qui peuvent l'être, telles
qu'un cheval de selle.

Si, par exemple, l'emprunteur dit simplement : « Je
vous prête l'usage de ma chambre, » l'emprunteur
peut, à sa volonté, y demeurer lui-même ou y faire
demeurer un tiers.

De même, s'il lui dit : « Je vous prête mon cheval, »
l'emprunteur peut monter lui-même le cheval, ou bien
le faire monter par un autre.

Art. 820. — La spécification de la personne qui doit
se servir de la chose prêtée n'a d'effet que pour les
choses susceptibles d'être modifiées par le changement
de ceux qui en usent. Elle n'est d'aucun effet, si la
chose n'appartient pas à cette catégorie.

Mais l'emprunteur ne peut céder à un tiers l'usage de la chose prêtée, lorsque le prêteur le lui a expressément défendu.

Par exemple, si le prêteur dit: « Je vous prête ce cheval pour que vous le montiez vous-même, » l'emprunteur ne peut pas le faire monter par son domestique.

Par contre, s'agissant d'une chambre, si le prêteur dit: « Je vous prête cette chambre pour que vous y demeuriez vous-même, » l'emprunteur peut non-seulement y demeurer lui-même, mais encore en céder l'usage à un tiers. Mais si le prêteur a ajouté: « N'y faites demeurer personne autre, » l'emprunteur ne peut contrevenir à cette défense.

Art. 821. — Celui qui emprunte un cheval pour se rendre à un lieu déterminé, peut indifféremment suivre le chemin qui lui plaît parmi ceux qui y mènent, pourvu qu'il soit fréquenté.

Mais s'il prend un chemin qui ne soit pas fréquenté, il est tenu de la perte du cheval survenue en route.

Il en est également responsable si, sans prendre le chemin que lui avait désigné le prêteur, il en prend un autre plus long, moins sûr ou non fréquenté.

Art 822. — Si une femme mariée prête à quelqu'un une chose appartenant à son mari sans la permission de celui-ci, en cas de perte de la chose ni la femme ni l'emprunteur n'en sont tenus lorsque la chose est de celles qui, étant affectées à l'usage intérieur du ménage, se trouvent habituellement entre les mains de la femme.

Mais si la chose n'est pas de ce nombre, comme par exemple lorsqu'il s'agit d'un cheval, le mari peut à son choix réclamer des dommages et intérêts à sa femme ou à l'emprunteur.

Art. 823.— L'emprunteur ne peut, sans la permission du prêteur, donner à bail ni mettre en gage la chose prêtée.

S'il a emprunté la chose pour l'engager pour sûreté d'une dette qu'il a dans une certaine ville, il ne peut, sous peine de dommages intérêts envers le prêteur en cas de perte de la chose, l'engager pour sûreté d'une dette qu'il a dans une autre ville.

Art. 824.— L'emprunteur peut déposer la chose prêtée entre les mains d'un tiers.

En cas de perte de la chose entre les mains du dépositaire, sans qu'il y ait faute, l'emprunteur n'est pas responsable.

Ainsi, lorsqu'on emprunte un cheval pour se rendre à un endroit déterminé et qu'une fois arrivé, le cheval étant fatigué, on en confie la garde à un tiers se trouvant à cet endroit-là, si le cheval venait à périr de mort naturelle on ne serait pas tenu de sa perte.

Art. 825.— L'emprunteur est tenu de restituer la chose prêtée aussitôt que le prêteur la lui réclame. (Conf. C. N. 1875.)

S'il la retient sans motif légitime, il est responsable envers le prêteur de la perte ou de la détérioration de la chose. (Conf. C. N. 1138 *in fine*, 1302.)

Art. 826. — Si un terme a été tacitement ou expressément fixé pour la durée du prêt, l'emprunteur est tenu de restituer la chose prêtée aussitôt le terme expiré. (Conf. C. N. 1902 et 1888.)

Néanmoins, le retard usuel lui est permis.

Par exemple, des bijoux prêtés pour jusqu'au soir de tel jour, doivent être restitués aussitôt que l'heure stipulée est arrivée.

De même, des bijoux prêtés pour servir à la fête de mariage de quelqu'un, doivent être restitués aussitôt après la fin de la fête.

Toutefois la restitution peut subir le retard consacré par la coutume.

Art. 827. — La chose empruntée pour servir à un travail déterminé reste en dépôt entre les mains de l'emprunteur, une fois le travail achevé.

En conséquence, l'emprunteur ne peut plus s'en servir ni la garder au delà du délai d'usage pour la restitution, sous peine des dommages-intérêts envers l'emprunteur en cas de perte de la chose. (Conf. C.N. 1880, 1881.)

Art. 828. — L'emprunteur peut restituer la chose prêtée lui-même ou par l'entremise d'une personne jouissant ordinairement de sa confiance.

S'il en fait la restitution par l'entremise d'une personne autre que celle à laquelle il accorde ordinairement sa confiance et que la chose périsse, il est tenu d'en réparer la perte.

Art. 829. — Lorsque les choses prêtées sont des

objets précieux, tels que des diamants, la restitution doit s'en faire entre les propres mains du prêteur.

Quant aux choses qui ne sont pas précieuses, il suffit de les placer à l'endroit où elles sont ordinairement considérées comme remises, ou bien de les remettre au domestique du prêteur. Ainsi, la restitution de l'animal prêté à usage peut être considérée comme effectuée lorsque l'emprunteur le place à l'écurie du prêteur, ou bien le remet au palefrenier de ce dernier.

Art. 830.— Les charges de la restitution, c'est-à-dire les soins et les frais du transport de la chose restituée, doivent être supportées par l'emprunteur. (Conf. C. N. arg. art. 1875.)

Art. 831.— On peut emprunteur un terrain pour y faire des constructions ou y planter des arbres.

Mais le prêteur a le droit de révoquer à son gré le contrat et de faire arracher les arbres ou démolir les constructions.

Néanmoins, s'il y a stipulation de terme, le prêteur est tenu d'indemniser l'emprunteur de la différence entre la valeur des choses arrachées ou démolies avant le terme, et la valeur que les mêmes choses auraient eue si elles étaient restées en place jusqu'à l'expiration du terme. (Conf. C. N. 1888, 1889.)

Par exemple, si les bâtiments ou les arbres, étant démolis ou arrachés de suite, valent 12 pièces d'or, tandis que leur valeur serait de 20 pièces d'or s'ils restaient en place jusqu'à l'expiration du terme stipulé, le prêteur, en les faisant démolir ou arracher de suite, est tenu de payer à l'emprunteur la différence de 8 pièces d'or.

Art. 832. — Le prêteur qui a prêté son fonds de terre pour y semer, avec ou sans stipulation de terme, ne peut, avant la récolte, résoudre le contrat et demander restitution de son fonds. (Conf. C. N. 1888.)

Le 24 Zilhidjé 1288. — 21 Février 1872.

(Signé) : AHMET DJEVDET, Ministre de la Justice.
» SÉIF EDDIN, Conseiller d'Etat.
» SÉID AHMED HOULOUSSI, Conseiller à la Cour de Cassation.
» SÉID AHMED HILMI, Conseiller à la Cour de Cassation.
» MEHMED EMIN, Conseiller d'Etat.
IBN-I-ABIDIN ZADÉ ALA EDDIN, Membre de la Commission.

COPIE

DÉCRET IMPÉRIAL.

———•••———

"Qu'il soit fait en conformité du contenu."

LIVRE VII.

DES DONATIONS.

———∞∞∞———

DISPOSITIONS PRÉLIMINAIRES.

~~~~~~~~~~~~~~~

Termes juridiques concernant les donations.

Art. 833.— La donation est l'acte de transférer à autrui la propriété d'une chose, sans rien recevoir en échange. On appelle *donateur* celui qui fait la donation, *don* la chose donnée et *donataire* celui qui la reçoit. *Ittihab* signifie l'acte d'accepter une donation. (Conf. C. N. art. 894.)

Art. 834.— Le présent (*Hediyé*) c'est le don que l'on apporte ou l'on envoie à quelqu'un dans le but de lui être agréable.

Art. 835.— On appelle *aumône* ce que l'on donne par charité.

Art. 836.— *Ibaha*, signifie permettre à quelqu'un de manger ou boire de quelque chose gratuitement.

TITRE I.

De la forme des donations.

CHAPITRE I.

Des éléments essentiels des donations et de la tradition de la chose donnée.

Art. 837.— La donation se forme par l'offre et l'acceptation et devient parfaite par la tradition de la chose donnée. (Conf. C. N. 931, 932, 938.)

Art. 838.—En matière de donations, l'offre consiste dans les termes dont on se sert ordinairement pour transférer la propriété d'une chose à titre gratuit, tels que : « *Je donne, je fais donation, je fais présent.*»

Il y a également offre lorsqu'un mari, en remettant à sa femme une paire de boucles d'oreille ou quelqu'autre bijou, emploie des termes signifiant l'intention de lui en transférer la propriété à titre gratuit, tels que: « prends cela et porte-le. »

Art. 839. — La donation peut aussi se conclure tacitement par la remise et la réception effective de la chose donnée (*taatı*).

Art. 840.— L'envoi et la réception d'un don ou d'une aumône tiennent lieu d'offre et d'acceptation verbales.

Art. 841.— Dans une donation, la prise de possession de la chose par le donataire correspond à l'acceptation (*kaboul*) dans une vente.

Par conséquent, la donation est parfaite lorsque, le donateur ayant formulé son offre par exemple en ces termes : « Je vous donne cette chose, » le donataire, sans répondre « j'accepte » prend simplement la chose donnée séance tenante.

Art, 842.— Le donataire ne peut entrer en possession de la chose donnée qu'avec l'autorisation expresse ou tacite du donateur.

Art. 843.— Par son offre, le donateur est réputé autoriser tacitement le donataire à prendre possession de la chose donnée.

Mais il y a autorisation expresse lorsque le donateur emploie des termes formels, tels que « je vous fais donation de cette chose, prenez-la » si la chose est présente, ou bien, « je vous fais donation de telle chose, allez la prendre » si elle n'est pas présente lors de la réunion des parties.

Art. 844.— Lorsqu'il y a autorisation expresse du donateur, le donataire peut prendre possession de la chose donnée soit pendant la réunion des parties, soit même après.

Mais si l'autorisation n'est que tacite, elle ne subsiste que tant que les parties sont en présence l'une de l'autre. Après leur séparation, le donataire ne peut plus valablement prendre possession de la chose donnée.

Par exemple, après que le donateur a dit « je vous fais don de cette chose, » le donataire peut valable-ment en prendre possession tant que dure la réunion des parties, mais il ne pourrait pas le faire une fois qu'elles se sont séparées.

Si l'on suppose que le donateur ait dit « je vous fais donation de ma chose qui se trouve à tel endroit, » sans ajouter «allez la prendre,» le donataire ne pour-rait pas non plus valablement en prendre possession en se rendant à cet endroit-là.

Art. 845 — L'acheteur peut faire donation à un tiers de la chose achetée, avant même d'en avoir reçu tradition du vendeur. (Conf. C. N. 1583. V. aussi Code Civil Ott. 253)

Art. 846. — La donation faite par le propriétaire d'une chose à celui qui avait déjà celle-ci entre ses mains, est parfaite par la seule acceptation du dona-taire, sans qu'il soit besoin d'autre tradition.

Art. 847. — La donation ou remise de la dette faite par le créancier à son débiteur est valable, s'il n'y a refus de la part de celui-ci, et la dette s'éteint de plein droit. (Conf. C. N. 1234, 3°.)

Art. 848. — Lorsque le créancier fait donation de sa créance à un autre qu'à son débiteur, en autorisant expressément le donataire à aller se faire payer par ce dernier, la donation est parfaite aussitôt que le donataire reçoit le paiement.

Art. 849. — La mort du donateur ou du donataire, avant la tradition, rend la donation nulle. (Couf. C. N. 932.)

Art. 850. — En cas de donation faite par un père à son fils majeur, c'est-à-dire pubère et sain d'esprit, la tradition effective de la chose par le donateur et sa prise de possession par le donataire sont également nécessaires.

Art. 851. — La donation faite à un mineur par son tuteur ou son précepteur est parfaite par la seule offre du donateur et, soit que la chose donnée se trouve entre les mains de celui-ci ou déposée en mains tierces, le mineur en devient de plein droit propriétaire, sans qu'il ait besoin d'en prendre possession.

Art. 852. — La donation faite par un tiers à un enfant devient parfaite, lorsque le tuteur ou le précepteur de l'enfant prend possession de la chose donnée. (Conf. C. N. 935.)

Art. 853. — Si le donataire est un mineur capable de discernement, la donation devient parfaite lorsque le mineur prend lui-même possession de la chose donnée, bien qu'il ait un tuteur. (Conf. C. N. 935.)

Art. 854. — La donation sous un terme suspensif est nulle. (Conf. C. N. 894.)

Tel est, par exemple, le cas lorsque le donateur

dit: « Je vous donne cette chose pour que vous en deveniez le maître à partir du premier du mois prochain. »

Art. 855.— Le donateur peut valablement stipuler, en retour, certaines conditions en sa faveur. En pareil cas le contrat est valable et les conditions sont obligatoires pour le donataire. (Conf. C. N. 990, 944 et s.)

Par exemple, le donateur peut stipuler que le donataire lui donnera en retour une certaine chose, ou qu'il paiera sa dette dont le montant est connu. (Conf. C. N. 945.)

Si le donataire remplit la condition, la donation devient irrévocable, sinon le donateur a le droit de la révoquer.

De même, lorsque quelqu'un, en faisant donation de ses immeubles, stipule que le donataire devra pourvoir à son entretien sa vie durant, tant que celui-ci remplit cette obligation, le donateur repenti ne peut révoquer la donation et se faire restituer ses immeubles.

CHAPITRE II.

Des conditions nécessaires pour la validité des donations.

Art. 856.— La chose donnée doit exister au moment de la donation. (Conf. C. N. 943.)

Par conséquent, on ne pourrait valablement faire

donation de la récolte à venir d'une vigne ou du petit
à naître d'une jument pleine.

Art. 857.— Il faut que le donateur soit propriétaire
de la chose donnée.

Par conséquent, la donation de la chose d'autrui
faite sans l'autorisation du propriétaire ne serait pas
valable. Néanmoins, elle le deviendrait au cas où
celui-ci la ratifierait ensuite.

Art. 858.— La chose donnée doit être connue et
déterminée.

Conséquemment, si l'on suppose que le donateur
dise : «Je donne un de mes biens» ou «je donne
l'un de ces deux chevaux» sans préciser la chose qu'il
entend donner, la donation ne serait pas valable. Dans
le cas, cependant, où le donateur dirait : «Je vous
donne celui des ces deux chevaux que vous désirez,»
si le donataire en désigne un séance tenante, la donation deviendrait valable. Mais la désignation que le
donataire ferait de la chose après la séparation des
parties serait de nul effet.

Art. 859.— Le donateur doit être majeur et sain
d'esprit. (Conf. C. N. 901, 903, 904.)

Par conséquent, le mineur, le fou et l'imbécile ne
peuvent valablement donner, mais ils peuvent valablement recevoir par donation. (Conf. C. N. 902,906.)

Art. 860.— Le consentement du donateur est nécessaire pour la validité de la donation. D'où il suit
que la donation faite par contrainte ou violence
est nulle. (Conf. C. N. 1109.)

TITRE II.

Des effets des donations.

CHAPITRE I.

De la révocation des donations.

Art. 861.— Le donataire acquiert la propriété de la chose donnée en en prenant possession. (*Contrà* C. N. 938.)

Art. 862.— Avant que le donataire ait pris possession de la chose donnée, le donateur a la faculté de révoquer la donation. (Conf. C. N. 932.)

Art. 863.— Le donateur est réputé révoquer la donation lorsque, après avoir formulé son offre, il défend au donataire de prendre possession de la chose donnée.

Art. 864.— Après la tradition, le donateur peut révoquer la donation ou reprendre le présent donné, avec le consentement du donataire. Si celui-ci n'y consent pas, sur la demande du donateur, le juge pourra prononcer la résolution de la donation ; à moins qu'un des empêchements établis par les articles suivants ne s'oppose à la révocation.

Art. 865.— Le donateur qui, après la tradition, reprend la chose donnée, sans le consentement du donataire ou sans qu'il y ait décision du juge, commet une usurpation. Par conséquent si la chose périt entre ses mains, il en est responsable envers le donataire. (*)

(*) Voyez art. 881 et 891 du Code Civ. Ott. (N. du Tr.)

Art. 866. — Les donations que l'on fait en faveur de ses ascendants, ses descendants, ses frères et sœurs et leurs enfants, ses tantes et oncles paternels ou maternels sont irrévocables.

Art. 867. — Les donations faites entre époux pendant le mariage et suivies de la tradition de la chose donnée sont irrévocables. (*Contrà* C. N. 1096.)

Art. 868. — La donation est également irrévocable lorsque le donateur a reçu ce que le donataire s'était obligé à lui donner en retour, que ce soit le donataire lui-même qui lui ait remis la chose ou un tiers. (Conf. C. N. 1236, 2ᵉ al.)

Art. 869. — La donation ne peut plus être révoquée lorsqu'il survient à la chose donnée un accroissement qui s'unit et s'incorpore à elle, comme lorsque, s'agissant d'un terrain, le donataire y a fait des constructions ou des plantations; ou bien lorsque, s'agissant d'un animal chétif, il a engraissé chez le donataire. Il en est de même lorsque la chose donnée a subi un changement tel qu'elle ne soit plus désignée par le même nom, comme par exemple lorsque le blé donné a été converti en farine.

Mais un accroissement qui puisse être séparé de la chose ne met pas obstacle à la révocation.

Par conséquent, s'il s'agit de la femelle d'un animal, tant qu'elle est pleine, la donation ne peut être révoquée, mais elle peut l'être aussitôt que la femelle a mis bas. Toutefois le part en reste au donataire.

Art. 870. — Le donateur ne peut plus révoquer la

donation si le donataire aliène la chose donnée par vente ou par donation suivie de tradition. (Conf. C. N. 958.)

Art. 871.— En cas de perte de la chose donnée entre les mains du donataire, il n'y a plus lieu à révocation.

Art. 872.— La mort du donateur ou du donataire rend la donation irrévocable. (Conf. C. N. 957, 2ᵉ al.)

Par conséquent, de même qu'en cas de décès du donataire le donateur ne peut plus révoquer la donation, en cas de décès de celui-ci ses héritiers ne peuvent pas non plus reprendre la chose donnée.

873.— Le créancier ne peut pas révoquer la donation qu'il a faite de sa créance en faveur de son débiteur. (Voyez art. 51 et 847.)

Art. 874.— Ce qui a été donné et reçu à titre d'aumône ne peut jamais être repris.

Art. 875.— Celui a qui l'on permet gratuitement de manger quelque chose (*ibahâ*) ne peut en disposer par vente, par donation ou autrement; il a seulement le droit d'en manger ; mais en ce cas le propriétaire ne peut lui en demander le prix.

Par exemple, lorsque quelqu'un mange du raisin d'un vigne avec l'autorisation gratuite (*ibahâ*) du propriétaire, celui-ci ne peut réclamer le prix du raisin mangé.

Art. 876.— Les présents faits à l'occasion des cérémonies de la circoncision ou du mariage appartiennent à l'enfant circoncis, à la nouvelle mariée ou bien à leurs père ou mère, suivant que ceux qui les apportent désignent l'une de ces personnes.

Si ceux-ci n'ont rien déterminé à cet égard, ou s'il n'a pas été possible de s'enquérir de leur intention auprès d'eux, on doit suivre l'usage local.

CHAPITRE II.

Des donations faites durant la maladie dont le donateur est mort (marazi-mevt.) (*)

Art. 877.— Si quelqu'un, n'ayant pas d'héritiers, fait donation et tradition de tous ses biens durant la maladie dont il meurt, la donation sera valable et le fisc n'aura aucun droit sur la succession.

Art. 878.— L'époux atteint de la maladie dont il meurt qui n'a d'autre héritier que son conjoint, peut valablement faire donation et tradition de tous ses biens à celui-ci, et à la mort de l'époux donateur le fisc n'aura aucun droit sur sa succession. (Conf. C. N. 1094.)

Art. 879.— La donation faite par un donateur atteint de la maladie dont il meurt, à l'un de ses héritiers n'est pas valable ; à moins qu'à sa mort ses autres héritiers ne la ratifient. (Conf. C. N. 1340.)

Si ce n'est pas à l'un de ses héritiers que le défunt a fait donation et tradition, l'acte n'est valable qu'autant que la chose donnée ne dépasse pas le tiers de la

(*) Voyez art. 1595 du Code Civ. Ott. (N. du Tr.)

fortune du donateur; autrement, à moins que les héritiers ne ratifient la donation, le donataire est tenu de restituer le surplus. (Conf. C. N. 913, 920.)

Art. 880. — Si le donateur, après avoir fait donation et tradition de ses biens durant la maladie dont il meurt, soit à son héritier soit à un tiers, laisse à sa mort une succession obérée, la donation sera nulle à l'égard de ses créanciers et ceux-ci pourront faire rentrer les choses données dans l'actif de la succession. (Conf. C. N. 1167.)

Le 29 Mouharrem 1289, (26 Mars 1872 v. s.)

(Signé): AHMET DJEVDET, Ministre de la Justice.
» EUMER HOULOUSSI, membre du Conseil *Tedkitati Chérié* (Haute Cour d'Appel des Tribunaux du *Chéri*.)
» ES-SEID HALIL, *Ders Vékili*, (Délegué du Chéïh-ul-Islam aux Cours du Droit Sacré.)
» ES-SEID HALIL, *Fetva Emini*, (Conservateur des *Fetvas*.)
» SÉIF ED-DIN, membre de la Commission de rédaction du Code Civil.
» AHMED HILMI, Conseiller à la Cour de Cassation.
» AHMED HALID, Inspecteur des biens des orphelins.
» YUNUS VEHBI, Directeur de l'École de Droit Sacré.
» ABDUL-LATIF CHUKRI, membre de la Commission de rédaction du Code Civil.

COPIE
DU
DÉCRET IMPÉRIAL.

"Qu'il soit fait en conformité du contenu."

LIVRE VIII.

DE L'USURPATION (*) ET DE LA DESTRUC-TION DE LA CHOSE D'AUTRUI
(Ghassb ve Itlaf.)

DISPOSITIONS PRÉLIMINAIRES.

Définition des termes juridiques.

Art. 881. — *Ghassb* (usurpation) signifie l'action de s'emparer de la chose d'autrui et de la détenir sans

(*) En termes de Droit, les mots *usurpation, usurper* ne sont guère usités dans le sens que nous leur donnons ici. (En latin *usurpare* signifie simplement *faire usage*. En français on les emploie dans les expressions spéciales : *usurpation du pouvoir, usurpation de fonctions, de titres, de décorations*, et autre semblables). Mais comme ils sont, croyons-nous, les seuls qui puissent rendre exactement le sens des mots *ghassb* et *ghassib*, nous avons dû forcément les adopter.

« L'usurpation en général, dit Dalloz (T. XLII, II, V° *Usurpation de costume*, etc.) est le fait de celui qui s'empare d'une chose qui ne lui appartient pas. » (N. du Tr.)

la permission du propriétaire. Celui qui s'empare de la chose s'appelle *ghassib* (usurpateur) ; la chose s'appelle *maghsoub* et le propriétaire *maghsouboun-minh*.

Art. 882. — *Kaïmen-kiymet* c'est la valeur des constructions et plantations d'arbres d'un terrain, tant qu'elles se trouvent debout. Elle consiste dans la différence en plus, qui existe entre la valeur estimative du terrain avec les plantations et bâtiments, et la valeur estimative du même terrain dépourvu des bâtiments et des plantations.

Art. 883. — *Mebnien kiymet* se dit spécialement de la plus-value résultant des constructions.

Art. 884. — On appelle *maklouen kiymet* la valeur des matériaux après la démolition des constructions, ou du bois après le déracinement des arbres.

Art. 885. — Après déduction des frais de démolition ou de déracinement, la valeur des matériaux ou du bois s'appelle *moustehak-ul-kal'olarak kiymet*.

Art. 886. — *Noksani-arz* c'est la différence en moins existant entre le loyer d'un fonds avant la récolte et son loyer après la récolte.

Art. 887. — L'acte de causer personnellement un dommage s'appelle *moubachereten-itlaf*, et l'auteur du dommage s'appelle *faïli-mubachir*.

Art. 888. — *Tessebbuben-itlaf* se dit lorsqu'on est la cause indirecte d'un dommage, c'est-à-dire lorsque l'on commet un acte dont la conséquence inévitable est la perte ou la détérioration d'une chose. Celui qui en est la cause s'appelle *mutessebib*.

Ainsi, lorsque quelqu'un coupe la corde à laquelle une lampe est suspendue, celle-ci doit nécessairement tomber à terre et se briser. Celui qui coupe la corde est l'auteur direct du dommage produit à la corde et la cause indirecte de la destruction de la lampe.

De même, lorsque quelqu'un perce une outre et que l'huile qu'elle contient s'en échappe et se perd, cette personne est l'auteur du dommage causé à l'outre et la cause indirecte de la perte de l'huile.

Art. 886. — *Tekaddum* c'est l'avertissement donné d'avance pour prévenir un dommage imminent.

TITRE I.

De l'usurpation de la chose d'autrui.

CHAPITRE I.

Des effets de cet acte.

Art. 890. — Si la chose dont quelqu'un s'est emparé sans droit, se retrouve en nature, elle doit être restituée à son propriétaire à l'endroit où elle a été prise. Et dans le cas où le propriétaire rencontrerait l'usurpateur, nanti de la chose, dans une autre ville, il peut se la faire restituer en cet endroit-là. S'il préfère en avoir restitution au lieu de l'enlèvement, les frais de transport sont à la charge de l'usurpateur. (Conf. C. N. 1247.)

Art. 891.— L'usurpateur est responsable, non seulement lorsqu'il consomme la chose, mais encore en cas de perte de celle-ci, que ce soit par sa faute ou non. (Conf. C. N. 1302, *in fine*.)

Si la chose est de celles dont on trouve de semblables, il doit en restituer une semblable ; si elle n'est pas de cette catégorie il en doit la valeur au jour et à l'endroit où il s'en est emparé.

Art. 892.— L'usurpateur se libère de toute obligation en restituant la chose à son maître à l'endroit où il l'a prise.

Art. 893.— L'usurpateur est réputé avoir restitué la chose dont il s'était emparé lorsqu'il la met à la portée du propriétaire, que celui-ci en prenne ou non réellement possession.

Mais en cas de perte de la chose, il ne se libère pas en en mettant la valeur à la portée du propriétaire : il faut, en outre, que celui-ci en prenne possession effective.

Art. 894.— Le propriétaire a le droit de refuser la restitution de sa chose si l'usurpateur la lui offre dans un endroit dangereux ; et en pareil cas, ce dernier n'est pas déchargé de sa responsabilité.

Art. 895.— Si, en cas de perte de la chose, le pro-

priétaire refuse d'en recevoir la valeur alors que l'u-
surpateur la lui offre, celui-ci peut recourir en justice pour obliger le propriétaire à la recevoir.

Art. 896.— Lorsque le propriétaire de la chose est
un mineur, l'usurpateur peut valablement la lui restituer si c'est un mineur capable de discernement et
apte à conserver la chose ; autrement la restitution
n'en - serait pas valable. (Conf. C. N. 1244.)

Art. 897.— Lorsqu'il s'agit d'un fruit, s'il a subi
quelque altération entre les mains de celui qui s'en
était emparé, par exemple, s'il s'est desséché, le propriétaire a le choix de réclamer restitution du fruit en
nature ou réparation du dommage.

Art. 898.— Si l'usurpateur apporte quelque modification à l'objet dont il s'est emparé en y ajoutant
quelque chose de son propre bien, le propriétaire a
le choix de se faire indemniser de la valeur de la
chose, ou de se faire restituer celle-ci en nature, en
remboursant la valeur de ce qui y a été ajouté par
l'usurpateur. (V. C. N. 566, 576.)

Par exemple, si quelqu'un s'empare d'une pièce de
toile appartenant à autrui et la teint, le propriétaire a le
choix de se faire payer la valeur de la toile ou de reprendre celle-ci en remboursant le prix de la teinture.

Art. 899.— Si celui qui s'empare de la chose d'autrui la transforme au point de lui faire changer de
dénomination, il s'oblige d'en payer la valeur au propriétaire, mais la chose lui reste. (Conf. C. N. 570,
571.)

Par exemple, si quelqu'un s'étant emparé du blé d'autrui, le convertit en farine, celle-ci lui appartient à charge d'indemniser le propriétaire du blé.

De même, s'il a semé le blé dans son propre champ la récolte lui appartient, mais il doit au propriétaire la valeur du blé.

Art. 900.— Si la chose dont quelqu'un s'est emparé sans droit diminue ensuite de valeur, le propriétaire ne peut refuser la restitution de la chose et réclamer la valeur qu'elle avait au jour de l'enlèvement.

Mais si la diminution de valeur provenait de l'usage qu'aurait fait de la chose celui qui s'en était emparé, ce dernier en serait responsable. (Conf. C. N. 1245.)

Par exemple, s'agissant d'un animal, s'il le rapporte affaibli à son maître, il est tenu de la diminution de valeur que l'animal a subi.

De même, s'agissant d'un vêtement, s'il le détériore en le déchirant il doit au maître une indemnité lorsque la détérioration est peu considérable, c'est-à-dire lorsqu'elle n'atteint pas le quart de la valeur du vêtement. Mais lorsque la détérioration est plus considérable, c'est-à-dire égale ou supérieure au quart de la valeur du vêtement, le maître a le choix ou de se faire indemniser pour la détérioration, ou d'abandonner le vêtement à celui qui s'en était emparé et s'en faire payer la valeur totale.

Art. 901.— Quiconque s'efforce d'anéantir le droit de propriété d'autrui sur une chose, est réputé usurpateur.

Ainsi, le dépositaire qui nie le dépôt est considéré comme tel et il est responsable de la perte de la chose arrivée, par la suite, entre ses mains, même sans sa faute.

Art. 902. — Dans tous les cas où quelqu'un est fortuitement dépossédé de son bien de la façon qui arrive lorsqu'un jardin situé sur le versant d'une montagne s'éboule sur un jardin se trouvant plus bas, le bien de moindre valeur accède à celui qui en a le plus. (*) (Conf. C. N. 559, 574.)

En d'autres termes, le propriétaire du bien supérieur en valeur acquiert le bien de moindre valeur, à charge d'indemniser le propriétaire de ce dernier.

Ainsi, en supposant qu'avant l'éboulement la valeur du jardin supérieur fût de 500 piastres et celle du jardin inférieur de 1000 piastres, le propriétaire du second acquerrait le tout en payant 500 piastres à celui du premier.

De même, si quelqu'un laisse tomber de ses mains une perle valant 500 piastres, et qu'une poule appartenant à autrui et valant 5 piastres l'avale, le premier acquiert la poule en payant 5 piastres au propriétaire de celle-ci. (Voyez les articles 27, 28 et 29.)

(*) Le sens de cette première partie de l'art. 902, dont la rédaction paraît assez obscure, semble être celui-ci:

« Toutes les fois que le bien de quelqu'un s'unit ou s'incorpore à celui d'un autre, par cas fortuit, (comme par exemple, lorsqu'un jardin situé sur le versant d'une montagne s'éboule sur le jardin se trouvant plus bas), il y a accession au profit du bien supérieur en valeur. (N. du Tr.)

Art. 903.— Les fruits de la chose dont quelqu'un s'est emparé sans droit appartiennent au propriétaire.

En conséquence, si l'usurpateur les consomme il en est tenu. (Conf. C. N. 549.)

Ainsi, si c'est d'un animal qu'il s'est emparé, le lait ou la part que celui-ci produit lorsqu'il est entre ses mains, appartiennent au propriétaire et si l'usurpateur les consomme, il en est responsable.

Il en est de même des fruits produits par un jardin pendant qu'un tiers le détient sans droit.

Pareillement, lorsque quelqu'un s'empare de la ruche d'autrui avec les abeilles qu'elle contient, le propriétaire, en recevant restitution de sa ruche et de ses abeilles, a également droit au miel qu'elles ont produit pendant qu'elles se trouvaient en la possession du tiers.

Art. 904.— Le miel des abeilles qui s'établissent dans le jardin de quelqu'un appartient au propriétaire du jardin. Et si un tiers s'en empare et le consomme, il est tenu envers celui-ci. (Conf. C. N. 564.)

CHAPITRE II.

De l'usurpation des biens-fonds.

Art. 905.— Quiconque s'empare sans droit du fonds d'autrui, est tenu de le rendre au propriétaire sans y apporter aucun changement ni diminution.

Si, par son fait, le fonds subit quelque diminution de valeur, il en est responsable.

Par exemple, s'agissant d'une maison, s'il en démolit quelque partie ou s'il l'endommage en y habitant, il est tenu envers le propriétaire de la diminution de prix qui en résulte pour la maison.

De même, si la maison brûle à cause du feu qu'il y a allumé, il doit rembouser au propriétaire la valeur de la maison avant l'incendie (*mebnien kiymeti*). (*)

Art. 906. — Si celui qui possède sans droit le fonds d'autrui y fait des constructions ou des plantations, il sera contraint de restituer le fonds après les avoir enlevées.

Si leur enlèvement est préjudiciable au fonds, le propriétaire pourra les garder en en remboursant la valeur à celui qui les a faites après déduction des frais de démolition ou de déracinement (**)

Mais dans le cas où les constructions et les plantations auraient une valeur supérieure à celle du fonds, si le possesseur était de bonne fois lorsqu'il les a faites il pourrait conserver le fonds en en remboursant la valeur au propriétaire. (Conf. C. N. 555.)

Par exemple, quelqu'un fait sur le fonds, qu'il a trouvé dans la succession de son père, des constructions qui lui coûtent une somme d'argent supérieure

---

(*) Voyez art. 883. (N. du Tr.)

(**) *Mustéhak-ul-kal' olarak kiymet.* Voyez art. 885. (N. du Tr.)

à la valeur du fonds. Si dans la suite, un tiers se présente et l'évince, le propriétaire des constructions a le droit d'acquérir le fonds en en remboursant la valeur à ce tiers.

Art. 907. — Si quelqu'un sème sur le terrain d'autrui qu'il possède illégalement, le propriétaire a le droit, en se faisant restituer son terrain, de réclamer une indemnité pour la moins-value résultant de la récolte. (*)

De même, lorsque l'un des copropriétaires d'un terrain commun, y sème sans l'autorisation de l'autre copropriétaire, celui-ci a le droit de se faire indemniser de la moins-value résultant de la récolte.

Art. 908. — Celui qui laboure le champ d'autrui qu'il détient illégalement, ne peut, lorsque le propriétaire en reprend possession, rien lui réclamer pour le labourage.

Art 909. — Celui qui encombre le terrain d'autrui en y déposant des immondices ou d'autres choses, pourra être contraint à les enlever et à évacuer le terrain.

(*) *Noksani arz.* Voyez art. 886. (N. du Tr.)

CHAPITRE III.

De celui qui enlève la chose d'autrui des mains d'un possesseur illégal.

Art. 910. — Celui qui s'empare de la chose d'autrui qu'un autre détenait déjà illégalement, est assimilé au premier usurpateur.

En conséquence, en cas de perte de la chose entre les mains de celui qui la détenait en dernier lieu, le maître a le choix de se faire indemniser par celui-ci ou par le premier détenteur. Il peut aussi se faire payer une partie de la valeur de sa chose par le premier détenteur et l'autre partie par le second.

Si c'est le premier détenteur qui est contraint d'indemniser le propriétaire, il a son recours contre le second.

Mais si c'est celui-ci qui est contraint de fournir l'indemnité, il n'a point de recours contre le premier.

Art. 911. — En restituant la chose au premier détenteur, le second détenteur se libère seul. Mais la restitution faite au propriétaire libère à la fois le premier et le second détenteur.

TITRE II.

De la destruction de la chose d'autrui.

CHAPITRE I.

De l'auteur du dommage.

Art. 912.— Quiconque détruit, avec ou sans intention, la chose d'autrui, soit entre les mains du propriétaire, soit entre les mains de celui à qui elle était confiée, s'oblige à en réparer la perte. (Conf. C. N. 1382.)

Mais lorsque quelqu'un détruit la chose d'autrui qu'un tiers détenait sans la permission du maître, celui-ci a le choix de se faire indemniser, soit par le détenteur qui, en pareil cas, peut se retourner contre le destructeur, soit par celui-ci, auquel cas ce dernier n'a pas de recours contre le détenteur de la chose.

Art. 913.— Lorsque quelqu'un glisse et, en tombant, détruit la chose d'autrui, il est tenu d'en réparer la perte.

Art. 914.— Est également tenu de réparer le dommage celui qui détruit la chose d'autrui en la croyant sienne.

Art. 915.— Celui qui déchire l'habit de quelqu'un

18

en le tirant, est tenu de la valeur entière de l'habit.

Mais s'il ne fait que prendre le vêtement et que le maître, en se retirant, le déchire, il n'est responsable que pour la moitié de la valeur de l'habit.

De même, si quelqu'un s'assied sur le pan de l'habit d'autrui et que celui-ci, ignorant cela, se lève brusquement et le déchire, le premier n'est tenu que pour la moitié de la valeur de l'habit.

Art. 916.— Le mineur qui détruit la chose d'autrui est tenu d'indemniser de ses propres deniers le propriétaire de la chose. (Conf. C. N. 1310.) S'il n'a pas de fortune, l'on attend qu'il en acquière. Mais on n'a aucun recours contre son tuteur. (*Contrà* C. N. 1384.)

Art. 917.— Quiconque, par son fait, diminue d'une façon quelconque la valeur de la chose d'autrui, est responsable de la diminution. (Conf. C. N. 1382.)

Art. 918.— Lorsque quelqu'un démolit, sans droit, le bien-fonds d'autrui, tel qu'une maison ou une boutique, le propriétaire a le choix, ou de se faire indemniser pour la valeur que l'immeuble avait avant la démolition en abandonnant les matériaux au destructeur, ou bien de garder ceux-ci en se faisant payer cette valeur après déduction de celle des matériaux. Mais l'auteur du dommage peut se libérer de toute obligation en reconstruisant l'immeuble et en le rétablissant dans son état primitif.

Art. 919.— Lorsqu'en cas d'incendie, quelqu'un

fait démolir la maison d'autrui sans le consentement
du propriétaire et que le feu s'arrête là, si c'est avec
la permission de l'Autorité que la démolition a eu
lieu il n'est rien dû au propriétaire. Dans le cas contraire, celui qui a démoli la maison est tenu envers lui.

Art. 920. — Lorsque quelqu'un abat des arbres
dans le jardin d'autrui sans en avoir le droit, le
propriétaire a le choix, ou de réclamer la valeur
des arbres tels qu'ils étaient avant leur abattage en
faisant abandon du bois à celui qui les a abattus,
ou bien de garder le bois en ne réclamant la dite
valeur que sous déduction de celle du bois abattu.

Par exemple, si l'on suppose que le jardin ayant
ses arbres debout valait 10000 piastres, et que, dé-
pouillé de ses arbres, il en vaut 5000 ; qu'enfin, la
valeur du bois coupé est de 2000 piastres, le maître
du jardin a le choix de réclamer cinq mille piastres
d'indemnité en abandonnant le bois à celui qui a
abattu les arbres, ou bien de garder le bois coupé et de
ne réclamer que 3000 piastres de dommages-intérêts.

Art. 921. — Nul n'est autorisé par un dommage
subi à en causer un autre.

Par exemple, si quelqu'un dont le bien a été détruit par un tiers, usant de représailles, détruit à son
tour le bien de celui-ci, tous les deux sont mutuellement tenus de réparer le dommage qu'ils ont causé.

Il en est de même dans le cas suivant : Dans
une tribu, un homme détruit le bien appartenant

à un homme d'une autre tribu. Celui-ci, à son tour, détruit le bien appartenant à un tiers faisant partie de la première tribu. Chacun des deux premiers est respectivement obligé de réparer le dommage qu'il a causé.

Enfin, celui à qui l'on a frauduleusement passé une fausse monnaie n'a pas le droit de la passer à son tour à un tiers.

CHAPITRE II.

Du dommage causé indirectement.

Art. 922. — Quiconque se rend cause de la perte ou de la détérioration de la chose d'autrui, en d'autres termes, quiconque commet un acte qui a pour conséquence nécessaire la perte ou la détérioration de la chose d'autrui, est obligé de réparer le dommage. (Conf. C. N. 1382, 1383.)

Ainsi, si quelqu'un, en se disputant avec un autre, s'accroche à ses vêtements et que, pendant la lutte, quelque chose tombe de la poche du second et se perd ou se détériore, le premier est responsable du dommage.

Pareillement, celui qui, sans droit, établit un barrage empêchant l'eau de couler dans le fonds d'autrui, est tenu de réparer le dommage causé au propriétaire du fonds dans le cas où la sécheresse en détruit la récolte ou les plantations.

De même, celui qui détourne un cours d'eau et le fait écouler sur le fonds d'autrui, est responsable du dommage causé à la récolte du fonds par l'inondation.

Enfin, celui qui ouvre la porte de l'écurie d'autrui renfermant un animal ou de la cage d'autrui renfermant un oiseau, est responsable envers le propriétaire si l'animal s'échappe et se perd ou si l'oiseau s'envole.

Art. 923.— Lorsqu'un animal, effrayé à la vue de quelqu'un, s'échappe et se perd, celui-ci n'est pas responsable de la perte, à moins qu'il n'ait effrayé l'animal à dessein.

De même, lorsqu'un animal, effrayé par la détonation d'un coup de fusil qu'un chasseur a tiré, prend la fuite et périt ou se blesse dans sa course, le chasseur n'est pas responsable du dommage, à moins qu'en tirant le coup de fusil, il n'ait eu l'intention d'effrayer l'animal. (Voyez l'article 93.)

Art. 924.— La responsabilité établie par les articles précédents à la charge de celui qui est la cause indirecte d'un dommage, n'existe que dans le cas où son acte est illicite. (*)

(*) « Injuriam autem hic accipere nos oportet. . . . . . quod non jure factum est, hoc est contra jus. » (Dig. ad Leg. Aquil. 1. 5. § 1 L. IX. T. II.) (N. du Tr.)

En d'autres termes, pour qu'il soit responsable, il faut qu'il ait commis l'acte, dont la conséquence nécessaire a été le dommage d'autrui, sans en avoir le droit.

Ainsi, celui qui, sans la permission de l'Autorité, creuse un puits sur la voie publique, est responsable si l'animal d'autrui y tombe et périt.

Mais si c'est dans son propre fonds qu'il a creusé un puits, il ne serait point responsable dans le cas où l'animal d'autrui viendrait à y périr.

Art. 925. — Lorsque quelqu'un a fait quelque chose qui soit la cause indirecte de la perte d'un bien, s'il intervient un acte directement dommageable, c'est-à-dire si un tiers intervient et, par son fait, cause directement la perte de ce bien, l'auteur direct du dommage en est seul responsable. (Voyez l'article 90.)

CHAPITRE III.

Des entreprises des particuliers sur la voie publique.

Art. 926. — Chacun a le droit de passer sur la voie publique, mais à condition de ne nuire à personne, c'est-à-dire à condition de ne pas causer quelque dommage à autrui par un acte qu'il pourrait éviter.

En conséquence, le porte-faix qui, en passant sur la voie publique, laisse tomber sa charge sur le bien d'autrui, est responsable de la perte de ce bien.

De même, si pendant qu'un forgeron bat du fer dans sa boutique, des parcelles de fer rouge s'en échappent sur la voie publique et vont brûler les vêtements d'un passant, le forgeron est responsable du dommage subi par celui-ci.

Art. 927. – Nul ne peut, sans la permission de l'Autorité, stationner sur la voie publique pour se livrer à des opérations d'achat ou de vente, ni y établir quelque chose. En cas de contravention, celui qui la commet s'oblige à réparer tout dommage qui en résulterait.

En conséquence, si quelqu'un dépose sur la voie publique un amas de bois ou un tas de pierres, il est responsable au cas où l'animal d'autrui, y buttant du pied, tombe, se blesse et périt.

De même, celui qui jetterait sur la voie publique des matières propres à la rendre glissante, telles que l'huile, serait responsable de la perte de l'animal d'autrui qui y périrait en y glissant.

Art. 928.— Celui dont le mur s'écroule n'est pas responsable du dommage qui en résulte. *(Contrà* C. N. 1386.)

A moins que, le mur menaçant auparavant ruine et quelqu'un en ayant averti le propriétaire en l'engageant à le réparer, il ne se soit écoulé, depuis, un laps de temps suffisant pour ce faire ; auquel cas le propriétaire du mur serait responsable du dommage causé par l'écroulement ; à condition, toutefois, que l'avertissement ait été donné par une personne ayant le droit de le donner.

Ainsi, si le mur s'est écroulé sur la maison du voisin, il faut que l'avertissement ait été donné par quelqu'un y demeurant ; l'avertissement donné par un étranger n'aurait pas de valeur.

Si c'est sur un chemin particulier, il faut que l'avertissement ait été donné par une personne y ayant droit de passage.

Enfin, si l'écroulement a eu lieu sur la voie publique, l'avertissement serait valable, quelle que ù la personne qui l'eût donné.

CHAPITRE IV.

Du dommage causé par les animaux.

Art. 929.— Le maître d'un animal n'est pas responsable du dommage que celui-ci cause de lui-même à autrui. (Voyez l'article 94.)

Néanmoins, le maître qui, voyant son animal détruire le bien d'autrui, ne s'y oppose pas, est tenu de réparer le dommage.

De même, s'agissant d'un taureau furieux ou d'un chien hargneux, si quelqu'un du quartier ou du village avertit le maître en l'engageant à contenir l'animal, et que le maître le laisse au contraire libre, celui-ci serait responsable au cas où l'animal causerait quelque dommage à l'animal ou au **bien** d'autrui. *(Contrà* C. N. 1385. Conf. 1383.)

Art. 930.— Lorsqu'un animal, monté ou non par son maître et se trouvant dans l'enclos de celui-ci, cause quelque dommage à autrui avec son **pied** de devant, avec sa tête, sa queue ou son pied **de** derrière, le maître n'en est pas responsable.

Art. 931.— Lorsque quelqu'un introduit son **pro**pre animal dans l'enclos d'autrui avec la permission du propriétaire, il est considéré comme se trouvant dans son propre fonds, et, conformément à ce qui est dit en l'article précédent, il n'est pas responsable du dommage causé par l'animal.

Mais si c'est sans la permission du propriétaire qu'il a pénétré dans l'héritage d'autrui avec son propre animal, soit en le montant, soit en le tenant par la bride, soit en le poussant devant lui, soit en se trouvant à côté, il est en tous cas responsable du dommage causé par l'animal.

Mais si celui-ci, laissé libre, pénètre de lui-même dans l'héritage d'autrui et y cause quelque dommage, son maître n'en est pas responsable.

Art. 932.— Chacun a le droit de passer sur la voie publique avec son animal.

Par conséquent, le cavalier qui passe sur la voie publique ne serait point responsable si sa monture y causait un dommage qu'il n'était pas possible de prévenir.

Ainsi, par exemple, lorsque l'animal soulève la poussière ou la boue du chemin et en salit les vêtements d'un passant, ou bien lorsque d'un coup de sa queue ou de son pied de derrière il cause quelque dommage, son maître n'en est pas responsable.

Mais lorsque l'animal heurte quelqu'un de la tête, se cabre ou frappe du pied de devant, le cavalier qui le monte est responsable en cas de dommage.

Art. 933.— Celui qui conduit un animal par la bride ou le pousse devant lui sur la voie publique, est assimilé au cavalier. En d'autres termes, il est aussi responsable, seulement des dommages dont ce dernier est tenu.

Art. 934.— Nul n'a le droit de faire stationner ou d'attacher son animal sur la voie publique.

Par conséquent, en cas de contravention, le maître de l'animal serait responsable de tout dommage que celui-ci causerait, soit avec le pied de devant, soit avec le pied de derrière, soit de toute autre façon.

Sont exceptés les endroits spécialement désignés pour le stationnement des animaux, tels que les marchés aux chevaux et les stations des bêtes de louage.

Art. 935. — Quiconque laisse sur la voie publique son animal la tête libre, est responsable du dommage que celui-ci y cause. (Conf. C. N. 1383.)

Art. 936.— Lorsqu'un animal servant de monture à quelqu'un, écrase un objet du pied de devant ou du pied de derrière, le cavalier est considéré comme l'auteur même du dommage et en est en tous cas responsable, soit que l'objet ait été détruit dans son propre héritage ou en tout autre endroit (*).

Art. 937.— Lorsqu'un cheval a pris le mors aux dents et que son cavalier ne peut plus le maîtriser, celui-ci n'est pas responsable du dommage que l'animal causerait.

Art. 938.— Si quelqu'un attache son animal dans son propre héritage, et que, sans sa permission, un tiers y entre et y attache aussi le sien, il n'est pas dû d'indemnité au cas où l'animal du maître de l'héritage frappe et fait périr celui du tiers.

Par contre, si l'animal du tiers tue celui du maître de l'héritage, le tiers est obligé de réparer le dommage.

Art. 939.— Lorsque deux personnes ayant également le droit d'attacher leurs animaux à un certain endroit, les y attachent effectivement, il n'y a pas lieu à réparation du dommage si l'animal de l'un tue l'animal de l'autre.

Tel est, par exemple, le cas lorsque deux personnes attachent leurs animaux à quelqu'endroit d'une maison leur appartenant en commun.

Art. 940. — Lorsque deux personnes attachent

(*) Voyez les art. 930, 931 et 932. (N. du Tr.)

leurs animaux à un endroit où ni l'un ni l'autre n'avaient le droit de l'attacher, si l'animal de celui qui a attaché le sien le premier fait périr celui de l'autre, le maître n'est tenu à aucune réparation.

Si, au contraire, c'est l'animal attaché en dernier lieu qui fait périr l'autre, le maître de celui-ci a droit à reparation du dommage subi.

23 Rebi-ul-akhir 1289 (18 Juin 1872, v. s.)

(Signé): AHMET DJEVDET, Ministre de la Justice.
»   EUMER-HOULOUSSI.
»   ES-SÉID HALIL, *Ders Vékili* (Délégué du *Chéikh-ul-Islam* aux Cours du Droit-Sa-
»   ES-SÉID HALIL, *Fetva-Emini* (Conservateur des *Fetvas.*)
»   SÉIF ED-DIN, *Kadi* de Constantinople.
»   AHMED HILMI, Conseiller à la Cour de Cassation.
»   AHMED HALID, Inspecteur des biens des orphelins.
»   ES-SÉID YUNUS VEHBI, Directeur de l'École de Droit-Sacré.
»   ABDUL-LATIF CHUKRI, membre de la Commission de rédaction du Code Civil.

CODE CIVIL OTTOMAN

LIVRE I.--VIII.

PRIX pour Cons/ple 1/2 livre Turque.
»   »   les provinces et l'extérieur 13 fr. franco.

LA LÉGISLATION OTTOMANE

*se divise en six parties, dont la première contient le DROIT
PRIVÉ, la deuxième le DROIT PUBLIC, la troi-
sième le DROIT ADMINISTRATIF, la quatrième
le DROIT INTERNATIONAL, la cinquième les
LOIS et RÈGLEMENTS PROMULGUÉS A PAR-
TIR DE L'ANNÉE 1874-1878, et la sixième le CODE
CIVIL OTTOMAN (Livres I.-VIII.)*

TOUTES LES PARTIES SE VENDENT:

A **Constantinople**, dans les Bureaux du journal grec
Thraki (Galata, Moumhané, Rue Krassoskala, Nº 12) et
chez les principaux libraires de Péra et de Galata.

A **Paris**, chez M. Maisonneuve & Cie, libraire Orien-
tal, Quai Voltaire, Nº 15.

A **Syrie**, chez M. Charlier Béziés et fils, libraires à Bey-
routh.

Prix de chaque partie:

A Constantinople. . . . .
A l'Étranger . . . .

SOUS PRESSE: LA 7ᵐᵉ PARTIE,

qui contient les Livres IX—XVI du *Code Civil Ottoman*
(Medjelé).